AF670789

GRöLS Verlage

„Bücher sind wie Fallschirme. Sie nützen uns nichts, wenn wir sie nicht öffnen."

Gröls Verlag

Redaktionelle Hinweise und Impressum

Das vorliegende Werk wurde zugunsten der Authentizität sehr zurückhaltend bearbeitet. So wurden etwa ursprüngliche Rechtschreibfehler regelmäßig *nicht* behoben, denn kleine Unvollkommenheiten machen das Buch – wie im Übrigen den Menschen – erst authentisch. Mitunter wurden jedoch zum Beispiel Absätze behutsam neu getrennt, um den Lesefluss zu erleichtern.

Um die Texte zu rekonstruieren, werden antiquarische Bücher von Lesegeräten gescannt und dann durch eine Software lesbar gemacht. Der so entstandene Text wird von Menschen gegengelesen und korrigiert – hierbei treten auch Fehler auf. Wenn Sie ebenfalls antiquarische Texte einreichen möchten, finden Sie weitere Informationen auf www.groels.de

Viel Freude bei der Lektüre wünscht Ihnen das Team des Gröls-Verlags.

Adressen

Verleger: Hermann-Josef Gröls,

Im Borngrund 26, 61440 Oberursel

Externer Dienstleister für Distribution & Herstellung:

BoD, In de Tarpen 42, 22848 Norderstedt

Unsere „Edition | Werke der Weltliteratur“ hat den Anspruch, eine der größten und vollständigsten Sammlungen klassischer Literatur in deutscher Sprache zu werden. Nach und nach versammeln wir hier nicht nur die „üblichen Verdächtigen“ von Goethe bis Schiller, sondern auch Kleinode der vergangenen Jahrhunderte, die – zu Unrecht – drohen, in Vergessenheit zu geraten. Wir kultivieren und kuratieren damit einen der wertvollsten Bereiche der abendländischen Kultur. Kleine Auswahl:

Francis Bacon • Neues Organon • **Balzac** • Glanz und Elend der Kurtisanen • **Joachim H. Campe** • Robinson der Jüngere • **Dante Alighieri** • Die Göttliche Komödie • **Daniel Defoe** • Robinson Crusoe • **Charles Dickens** • Oliver Twist • **Denis Diderot** • Jacques der Fatalist • **Fjodor Dostojewski** • Schuld und Sühne • **Arthur Conan Doyle** • Der Hund von Baskerville • **Marie von Ebner-Eschenbach** • Das Gemeindekind • **Elisabeth von Österreich** • Das Poetische Tagebuch • **Friedrich Engels** • Die Lage der arbeitenden Klasse • **Ludwig Feuerbach** • Das Wesen des Christentums • **Johann G. Fichte** • Reden an die deutsche Nation • **Fitzgerald** • Zärtlich ist die Nacht • **Flaubert** • Madame Bovary • **Gorch Fock** • Seefahrt ist not! • **Theodor Fontane** • Effi Briest • **Robert Musil** • Über die Dummheit • **Edgar Wallace** • Der Frosch mit der Maske • **Jakob Wassermann** • Der Fall Maurizius • **Oscar Wilde** • Das Bildnis des Dorian Grey • **Émile Zola** • Germinal • **Stefan Zweig** • Schachnovelle • **Hugo von Hofmannsthal** • Der Tor und der Tod • **Anton Tschechow** • Ein Heiratsantrag • **Arthur Schnitzler** • Reigen • **Friedrich Schiller** • Kabale und Liebe • **Nicolo Machiavelli** • Der Fürst • **Gotthold E. Lessing** • Nathan der Weise • **Augustinus** • Die Bekenntnisse des heiligen Augustinus • **Marcus Aurelius** • Selbstbetrachtungen • **Charles Baudelaire** • Die Blumen des Bösen • **Harriett Stowe** • Onkel Toms Hütte • **Walter Benjamin** • Deutsche Menschen • **Hugo Bettauer** • Die Stadt ohne Juden • **Lewis Caroll** • *und viele mehr….*

Draußen vor der Tür

Ein Stück, das kein Theater spielen und kein Publikum sehen will

Wolfgang Borchert

Hans Quest gewidmet

Personen

Beckmann, einer von denen

seine Frau, die ihn vergaß

deren Freund, der sie liebt

ein Mädchen, dessen Mann auf einem Bein nach Hause kam

ihr Mann, der tausend Nächte von ihr träumte

ein Oberst, der sehr lustig ist

seine Frau, die es friert in ihrer warmen Stube

die Tochter, gerade beim Abendbrot

deren schneidiger Mann

ein Kabarettdirektor, der mutig sein möchte, aber dann doch lieber feige ist

Frau Kramer, die weiter nichts ist als Frau Kramer, und das ist gerade so furchtbar

der alte Mann, an den keiner mehr glaubt

der Beerdigungsunternehmer mit dem Schluckauf

ein Straßenfeger, der gar keiner ist

der Andere, den jeder kennt

die Elbe.

Ein Mann kommt nach Deutschland.

Er war lange weg, der Mann. Sehr lange. Vielleicht zu lange. Und er kommt ganz anders wieder, als er wegging. Äußerlich ist er ein naher Verwandter jener Gebilde, die auf den Feldern stehen, um die Vögel (und abends manchmal auch die Menschen) zu erschrecken. Innerlich – auch. Er hat tausend Tage draußen in der Kälte gewartet. Und als Eintrittsgeld mußte er mit seiner Kniescheibe bezahlen. Und nachdem er nun tausend Nächte draußen in der Kälte gewartet hat, kommt er endlich doch noch nach Hause.

Ein Mann kommt nach Deutschland.

Und da erlebt er einen ganz tollen Film. Er muß sich während der Vorstellung mehrmals in den Arm kneifen, denn er weiß nicht, ob er wacht oder träumt. Aber dann sieht er, daß es rechts und links neben ihm noch mehr Leute gibt, die alle dasselbe erleben. Und er denkt, daß es dann doch wohl die Wahrheit sein muß. Ja, und als er dann am Schluß mit leerem Magen und kalten Füßen wieder auf der Straße steht, merkt er, daß es eigentlich nur ein ganz alltäglicher Film war, ein ganz alltäglicher Film. Von einem Mann, der nach Deutschland kommt, einer von denen. Einer von denen, die nach Hause kommen und die dann doch nicht nach Hause kommen, weil für sie kein Zuhause mehr da ist. Und ihr Zuhause ist dann draußen vor der Tür. Ihr Deutschland ist draußen, nachts im Regen, auf der Straße.

Das ist ihr Deutschland.

Vorspiel

(Der Wind stöhnt. Die Elbe schwappt gegen die Pontons. Es ist Abend. Der Beerdigungsunternehmer. Gegen den Abendhimmel die Silhouette eines Menschen.)

Der Beerdigungsunternehmer *(rülpst mehrere Male und sagt dabei jedesmal):* Rums! Rums! Wie die – Rums! Wie die Fliegen! Wie die Fliegen, sag ich.

Aha, da steht einer. Da auf dem Ponton. Sieht aus, als ob er Uniform an hat. Ja, einen alten Soldatenmantel hat er an. Mütze hat er nicht auf. Seine Haare sind kurz wie eine Bürste. Er steht ziemlich dicht am Wasser. Beinahe zu dicht am Wasser steht er da. Das ist verdächtig. Die abends im Dunkeln am Wasser stehn, das sind entweder Liebespaare oder Dichter. Oder das ist einer von der großen grauen Zahl, die keine Lust mehr haben. Die den Laden hinwerfen und nicht mehr mitmachen. Scheint auch so einer zu sein von denen, der da auf dem Ponton. Steht gefährlich dicht am Wasser. Steht ziemlich allein da. Ein Liebespaar kann es nicht sein, das sind immer zwei. Ein Dichter ist es auch nicht. Dichter haben längere

Haare. Aber dieser hier auf dem Ponton hat eine Bürste auf dem Kopf. Merkwürdiger Fall, der da auf dem Ponton, ganz merkwürdig. *(Es gluckst einmal schwer und dunkel auf. Die Silhouette ist verschwunden.)* Rums! Da! Weg ist er. Reingesprungen. Stand zu dicht am Wasser. Hat ihn wohl untergekriegt. Und jetzt ist er weg. Rums. Ein Mensch stirbt. Und? Nichts weiter. Der Wind weht weiter. Die Elbe quasselt weiter. Die Straßenbahn klingelt weiter. Die Huren liegen weiter weiß und weich in den Fenstern. Herr Kramer dreht sich auf die andere Seite und schnarcht weiter. Und keine – keine Uhr bleibt stehen. Rums! Ein Mensch ist gestorben. Und? Nichts weiter. Nur ein paar kreisförmige Wellen beweisen, daß er mal da war. Aber auch die haben sich schnell wieder beruhigt. Und wenn die sich verlaufen haben, dann ist auch er vergessen, verlaufen, spurlos, als ob er nie gewesen wäre. Weiter nichts. Hallo, da weint einer. Merkwürdig. Ein alter Mann steht da und weint. Guten Abend.

Der alte Mann *(nicht jämmerlich, sondern erschüttert):* Kinder! Kinder! Meine Kinder!

Beerdigungsunternehmer: Warum weinst du denn, Alter?

Der alte Mann: Weil ich es nicht ändern kann, oh, weil ich es nicht ändern kann.

Beerdigungsunternehmer: Rums! Tschuldigung! Das ist allerdings schlecht. Aber deswegen braucht man doch nicht gleich loszulegen wie eine verlassene Braut. Rums! Tschuldigung!

Der alte Mann: Oh, meine Kinder! Es sind doch alles meine Kinder!

Beerdigungsunternehmer: Oho, wer bist du denn?

Der alte Mann: Der Gott, an den keiner mehr glaubt.

Beerdigungsunternehmer: Und warum weinst du? Rums! Tschuldigung!

Gott: Weil ich es nicht ändern kann. Sie erschießen sich. Sie hängen sich auf. Sie ersaufen sich. Sie ermorden sich, heute hundert, morgen hunderttausend. Und ich, ich kann es nicht ändern.

Beerdigungsunternehmer: Finster, finster, Alter. Sehr finster. Aber es glaubt eben keiner mehr an dich, das ist es.

Gott: Sehr finster. Ich bin der Gott, an den keiner mehr glaubt. Sehr finster. Und ich kann es nicht ändern, meine Kinder, ich kann es nicht ändern. Finster, finster.

Beerdigungsunternehmer: Rums! Tschuldigung! Wie die Fliegen! Rums! Verflucht!

Gott: Warum rülpsen Sie denn fortwährend so ekelhaft? Das ist ja entsetzlich!

Beerdigungsunternehmer: Ja, ja, greulich! Ganz greulich! Berufskrankheit. Ich bin Beerdigungsunternehmer.

Gott: Der Tod? – Du hast es gut! Du bist der neue Gott. An dich glauben sie. Dich lieben sie. Dich fürchten sie. Du bist unumstößlich. Dich kann keiner leugnen! Keiner lästern. Ja, du hast es gut. Du bist der neue Gott. An dir kommt keiner vorbei. Du bist der neue Gott, Tod, aber du bist fett geworden. Dich hab ich doch ganz anders in Erinnerung. Viel magerer, dürrer, knochiger, du bist aber rund und fett und gut gelaunt. Der alte Tod sah immer so verhungert aus.

Tod: Naja, ich hab in diesem Jahrhundert ein bißchen Fett angesetzt. Das Geschäft ging gut. Ein Krieg gibt dem andern die Hand. Wie die Fliegen! Wie die Fliegen kleben die Toten an den Wänden dieses Jahrhunderts. Wie die Fliegen liegen sie steif und vertrocknet auf der Fensterbank der Zeit.

Gott: Aber das Rülpsen? Warum dieses gräßliche Rülpsen?

Tod: Überfressen. Glatt überfressen. Das ist alles. Heutzutage kommt man aus dem Rülpsen gar nicht heraus. Rums! Tschuldigung!

Gott: Kinder, Kinder. Und ich kann es nicht ändern! Kinder, meine Kinder! *(geht ab)*

Tod: Na, dann gute Nacht, Alter. Geh schlafen. Paß auf, daß du nicht auch noch ins Wasser fällst. Da ist vorhin erst einer reingestiegen. Paß gut auf, Alter. Es ist finster, ganz finster. Rums! Geh nach Haus, Alter. Du änderst es doch nicht. Wein nicht über den, der hier eben plumps gemacht hat. Der mit dem Soldatenmantel und der Bürstenfrisur. Du weinst dich zugrunde! Die heute abends am Wasser stehen, das sind nicht mehr Liebespaare und Dichter. Der hier, der war nur einer von denen, die nicht mehr wollen oder nicht mehr mögen. Die einfach nicht mehr können, die steigen dann abends irgendwo still ins Wasser. Plumps. Vorbei. Laß ihn, heul nicht, Alter. Du heulst dich zugrunde. Das war nur einer von denen, die nicht mehr können, einer von der großen grauen Zahl ... einer ... nur ...

Der Traum

(In der Elbe. Eintöniges Klatschen kleiner Wellen. Die Elbe. Beckmann.)

Beckmann: Wo bin ich? Mein Gott, wo bin ich denn hier?

Elbe: Bei mir.

Beckmann: Bei dir? Und – wer bist du?

Elbe: Wer soll ich denn sein, du Küken, wenn du in St. Pauli von den Landungsbrücken ins Wasser springst?

Beckmann: Die Elbe?

Elbe: Ja, die. Die Elbe.

Beckmann *(staunt):* Du bist die Elbe!

Elbe: Ah, reißt du deine Kinderaugen auf, wie? Du hast wohl gedacht, ich wäre ein romantisches junges Mädchen mit blaßgrünem Teint? Typ Ophelia mit Wasserrosen im aufgelösten Haar? Du hast am Ende gedacht, du könntest in meinen süßduftenden Lilienarmen die Ewigkeit verbringen. Nee, mein Sohn, das war ein Irrtum von dir. Ich bin weder romantisch noch süßduftend. Ein anständiger Fluß stinkt. Jawohl. Nach Öl und Fisch. Was willst du hier?

Beckmann: Pennen. Da oben halte ich das nicht mehr aus. Das mache ich nicht mehr mit. Pennen will ich. Tot sein. Mein ganzes Leben lang tot sein. Und pennen. Endlich in Ruhe pennen. Zehntausend Nächte pennen.

Elbe: Du willst auskneifen, du Grünschnabel, was? Du glaubst, du kannst das nicht mehr aushalten, hm? Da oben, wie? Du bildest dir ein, du hast schon genug mitgemacht, du kleiner Stift. Wie alt bist du denn, du verzagter Anfänger?

Beckmann: Fünfundzwanzig. Und jetzt will ich pennen.

Elbe: Sieh mal, fünfundzwanzig. Und den Rest verpennen. Fünfundzwanzig und bei Nacht und Nebel ins Wasser steigen, weil man nicht mehr kann. Was kannst du denn nicht mehr, du Greis?

Beckmann: Alles, alles kann ich nicht mehr da oben. Ich kann nicht mehr hungern. Ich kann nicht mehr humpeln und vor meinem Bett stehen und wieder aus dem Haus raushumpeln, weil das Bett besetzt ist. Das Bein, das Bett, das Brot – ich kann das nicht mehr, verstehst du!

Elbe: Nein. Du Rotznase von einem Selbstmörder. Nein, hörst du! Glaubst du etwa, weil deine Frau nicht mehr mit dir spielen will, weil du hinken mußt und weil dein Bauch knurrt, deswegen kannst du hier bei mir untern Rock kriechen? Einfach so ins Wasser jumpen? Du, wenn alle, die Hunger haben, sich ersaufen wollten, dann würde die gute alte Erde kahl wie die Glatze eines Möbelpackers werden, kahl und blank. Nee, gibt es nicht, mein Junge. Bei mir kommst du mit solchen Ausflüchten nicht durch. Bei mir wirst du abgemeldet. Die Hosen sollte man dir strammziehen, Kleiner, jawohl! Auch wenn du sechs Jahre Soldat warst. Alle waren das. Und die hinken alle irgendwo. Such dir ein anderes Bett, wenn deins besetzt ist. Ich will dein armseliges bißchen Leben nicht. Du bist mir zu wenig, mein Junge. Laß dir das von einer alten Frau sagen: Lebe erst mal. Laß dich treten. Tritt wieder! Wenn du den Kanal voll hast, hier, bis oben, wenn du lahmgestrampelt bist und wenn dein Herz auf allen vieren angekrochen kommt, dann können wir mal wieder über die Sache reden. Aber jetzt machst du keinen Unsinn, klar? Jetzt verschwindest du hier, mein Goldjunge. Deine kleine Handvoll Leben ist mir verdammt zu wenig. Behalt sie. Ich will sie nicht, du gerade eben Angefangener. Halt den Mund, mein kleiner Menschensohn! Ich will dir was sagen, ganz leise, ins Ohr, du, komm her: ich scheiß auf deinen Selbstmord! Du Säugling. Paß gut auf, was ich mit dir mache, *(laut)* Hallo, Jungens! Werft diesen Kleinen hier bei Blankenese wieder auf den Sand! Er will es nochmal versuchen, hat er mir eben versprochen. Aber sachte, er sagt, er hat ein schlimmes Bein, der Lausebengel, der grüne!

1. Szene

(Abend. Blankenese. Man hört den Wind und das Wasser. Beckmann. Der Andere.)

Beckmann: Wer ist da? Mitten in der Nacht. Hier am Wasser. Hallo! Wer ist denn da?

Der Andere: Ich.

Beckmann: Danke. Und wer ist das: Ich?

Der Andere: Ich bin der Andere.

Beckmann: Der Andere? Welcher Andere?

Der Andere: Der von Gestern. Der von Früher. Der Andere von Immer. Der Jasager. Der Antworter.

Beckmann: Der von Früher? Von Immer? Du bist der Andere von der Schulbank, von der Eisenbahn? Der vom Treppenhaus?

Der Andere: Der aus dem Schneesturm bei Smolensk. Und der aus dem Bunker bei Gorodok.

Beckmann: Und der – der von Stalingrad, der Andere, bist du der auch?

Der Andere: Der auch. Und auch der von heute abend. Ich bin auch der Andere von morgen.

Beckmann: Morgen. Morgen gibt es nicht. Morgen ist ohne dich. Hau ab. Du hast kein Gesicht.

Der Andere: Du wirst mich nicht los. Ich bin der Andere, der immer da ist: Morgen. An den Nachmittagen. Im Bett. Nachts.

Beckmann: Hau ab. Ich hab kein Bett. Ich lieg hier im Dreck.

Der Andere: Ich bin auch der vom Dreck. Ich bin immer. Du wirst mich nicht los.

Beckmann: Du hast kein Gesicht. Geh weg.

Der Andere: Du wirst mich nicht los. Ich habe tausend Gesichter. Ich bin die Stimme, die jeder kennt. Ich bin der Andere, der immer da ist. Der andere Mensch, der Antworter. Der lacht, wenn du weinst. Der antreibt, wenn du müde wirst, der Antreiber, der Heimliche, Unbequeme bin ich. Ich bin der Optimist, der an den Bösen das Gute sieht und die Lampen in der finstersten Finsternis. Ich bin der, der glaubt, der lacht, der liebt! Ich bin der, der weitermarschiert, auch wenn gehumpelt wird. Und der Ja sagt, wenn du Nein sagst, der Jasager bin ich. Und der –

Beckmann: Sag Ja, soviel wie du willst. Geh weg. Ich will dich nicht. Ich sage Nein. Nein. Nein. Geh weg. Ich sage Nein. Hörst du?

Der Andere: Ich höre. Deswegen bleibe ich ja hier. Wer bist du denn, du Neinsager?

Beckmann: Ich heiße Beckmann.

Der Andere: Vornamen hast du wohl nicht, Neinsager?

Beckmann: Nein. Seit gestern. Seit gestern heiße ich nur noch Beckmann. Einfach Beckmann. So wie der Tisch Tisch heißt.

Der Andere: Wer sagt Tisch zu dir?

Beckmann: Meine Frau. Nein, die, die meine Frau war. Ich war nämlich drei Jahre lang weg. In Rußland. Und gestern kam ich wieder nach Hause. Das war das Unglück. Drei Jahre sind viel, weißt du. Beckmann – sagte meine Frau zu mir. Einfach nur Beckmann. Und dabei war man drei Jahre weg. Beckmann sagte sie, wie man zu einem Tisch Tisch sagt. Möbelstück Beckmann. Stell es weg, das Möbelstück Beckmann. Siehst du, deswegen habe ich keinen Vornamen mehr, verstehst du.

Der Andere: Und warum liegst du hier nun im Sand? Mitten in der Nacht. Hier am Wasser?

Beckmann: Weil ich nicht hochkomme. Ich hab mir nämlich ein steifes Bein mitgebracht. So als Andenken. Solche Andenken sind gut, weißt du, sonst vergißt man den Krieg so schnell. Und das wollte ich doch nicht. Dazu war das alles doch zu schön. Kinder, Kinder, war das schön, was?

Der Andere: Und deswegen liegst du hier abends am Wasser?

Beckmann: Ich bin gefallen.

Der Andere: Ach. Gefallen. Ins Wasser?

Beckmann: Nein, nein! Nein, du! Hörst du, ich wollte mich reinfallen lassen. Mit Absicht. Ich konnte es nicht mehr aushalten. Dieses Gehumpel und Gehinke. Und dann die

Sache mit der Frau, die meine Frau war. Sagt einfach Beckmann zu mir, so wie man zu Tisch Tisch sagt. Und der andere, der bei ihr war, der hat gegrinst. Und dann dieses Trümmerfeld. Dieser Schuttacker hier zu Hause. Hier in Hamburg. Und irgendwo da unter liegt mein Junge. Ein bißchen Mud und Mörtel und Matsch. Menschenmud, Knochenmörtel. Er war gerade ein Jahr alt und ich hatte ihn noch nicht gesehen. Aber jetzt sehe ich ihn jede Nacht. Und unter den zehntausend Steinen. Schutt, weiter nichts als ein bißchen Schutt. Das konnte ich nicht aushalten, dachte ich. Und da wollte ich mich fallenlassen. Wäre ganz leicht, dachte ich: vom Ponton runter. Plumps. Aus. Vorbei.

Der Andere: Plumps? Aus? Vorbei? Du hast geträumt. Du liegst doch hier auf dem Sand.

Beckmann: Geträumt? Ja. Vor Hunger geträumt. Ich habe geträumt, sie hätte mich wieder ausgespuckt, die Elbe, diese alte ... Sie wollte mich nicht. Ich sollte es noch mal versuchen, meinte sie. Ich hätte kein Recht dazu. Ich wäre zu grün, sagte sie. Sie sagte, sie scheißt auf mein bißchen Leben. Das hat sie mir ins Ohr gesagt, daß sie scheißt auf meinen Selbstmord. Scheißt, hat sie gesagt, diese verdammte – und gekeift hat sie wie eine Alte vom Fischmarkt. Das Leben ist schön, hat sie gemeint, und ich liege hier mit nassen Klamotten am Strand von Blankenese und mir ist kalt. Immer ist mir kalt. In Rußland war mir lange genug kalt. Ich habe es satt, das ewige Frieren. Und diese Elbe, diese verdammte alte – ja, das hab ich vor Hunger geträumt.

Was ist da?

Der Andere: Kommt einer. Ein Mädchen oder sowas. Da. Da hast du sie schon.

Mädchen: Ist da jemand? Da hat doch eben jemand gesprochen. Hallo, ist da jemand?

Beckmann: Ja, hier liegt einer. Hier. Hier unten am Wasser.

Mädchen: Was machen Sie da? Warum stehen Sie denn nicht auf?

Beckmann: Ich liege hier, das sehen Sie doch. Halb an Land und halb im Wasser.

Mädchen: Aber warum denn? Stehen Sie doch auf. Ich dachte erst, da läge ein Toter, als ich den dunklen Haufen hier am Wasser sah.

Beckmann: Oh ja, ein ganz dunkler Haufen ist das, das kann ich Ihnen sagen.

Mädchen: Sie reden aber sehr komisch, finde ich. Hier liegen nämlich jetzt oft Tote abends am Wasser. Die sind manchmal ganz dick und glitschig. Und so weiß wie Gespenster. Deswegen war ich so erschrocken. Aber Gott sei Dank, Sie sind ja noch lebendig. Aber Sie müssen ja durch und durch naß sein.

Beckmann: Bin ich auch. Naß und kalt wie eine richtige Leiche.

Mädchen: Dann stehen Sie doch endlich auf. Oder haben Sie sich verletzt?

Beckmann: Das auch. Mir haben sie die Kniescheibe gestohlen. In Rußland. Und nun muß ich mit einem steifen Bein durch das Leben hinken. Und ich denke immer, es geht rückwärts statt vorwärts. Von Hochkommen kann gar keine Rede sein.

Mädchen: Dann kommen Sie doch. Ich helfe Ihnen. Sonst werden Sie ja langsam zum Fisch.

Beckmann: Wenn Sie meinen, daß es nicht wieder rückwärts geht, dann können wir es ja mal versuchen. So. Danke.

Mädchen: Sehen Sie, jetzt geht es sogar aufwärts. Aber Sie sind ja naß und eiskalt. Wenn ich nicht vorbeigekommen wäre, wären Sie sicher bald ein Fisch geworden. Stumm sind Sie ja auch beinahe. Darf ich Ihnen etwas sagen? Ich wohne hier gleich. Und ich habe trockenes Zeug im Hause. Kommen Sie mit? Ja? Oder sind Sie zu stolz, sich von mir trockenlegen zu lassen? Sie halber Fisch. Sie stummer nasser Fisch, Sie!

Beckmann: Sie wollen mich mitnehmen?

Mädchen: Ja, wenn Sie wollen. Aber nur weil Sie naß sind. Hoffentlich sind Sie sehr häßlich und bescheiden, damit ich es nicht bereuen muß, daß ich Sie mitnehme. Ich nehme Sie nur mit, weil Sie so naß und kalt sind, verstanden! Und weil –

Beckmann: Weil? Was für ein Weil? Nein, nur weil ich naß und kalt bin. Sonst gibt es kein Weil.

Mädchen: Doch. Gibt es doch. Weil Sie so eine hoffnungslos traurige Stimme haben. So grau und vollkommen trostlos. Ach, Unsinn ist das, wie? Kommen Sie, Sie alter stummer nasser Fisch.

Beckmann: Halt! Sie laufen mir ja weg. Mein Bein kommt nicht mit. Langsam.

Mädchen: Ach ja. Also: dann langsam. Wie zwei uralte steinalte naßkalte Fische.

Der Andere: Weg sind sie. So sind sie, die Zweibeiner. Ganz sonderbare Leute sind das hier auf der Welt. Erst lassen sie sich ins Wasser fallen und sind ganz wild auf das Sterben versessen. Aber dann kommt zufällig so ein anderer Zweibeiner im Dunkeln vorbei, so einer mit Rock, mit einem Busen und langen Locken. Und dann ist das Leben plötzlich wieder ganz herrlich und süß. Dann will kein Mensch mehr sterben. Dann wollen sie nie tot sein. Wegen so ein paar Locken, wegen so einer weißen Haut und ein bißchen Frauengeruch. Dann stehen sie wieder vom Sterbebett auf und sind gesund wie zehntausend Hirsche im Februar. Dann werden selbst die halben Wasserleichen noch wieder lebendig, die es eigentlich doch überhaupt nicht mehr aushalten konnten auf dieser verdammten öden elenden Erdkugel. Die Wasserleichen werden wieder mobil – alles wegen so ein paar Augen, wegen so einem bißchen weichen warmen Mitleid und so kleinen Händen und wegen einem schlanken Hals. Sogar die Wasserleichen, diese zweibeinigen, diese ganz sonderbaren Leute hier auf der Welt –

2. Szene

(Ein Zimmer. Abends. Eine Tür kreischt und schlägt zu. Beckmann. Das Mädchen.)

Mädchen: So, nun will ich mir erst mal den geangelten Fisch unter der Lampe ansehen. Nanu – *(sie lacht)* aber sagen Sie um Himmels willen, was soll denn dies hier sein!

Beckmann: Das? Das ist meine Brille. Ja. Sie lachen. Das ist meine Brille. Leider.

Mädchen: Das nennen Sie Brille? Ich glaube, Sie sind mit Absicht komisch.

Beckmann: Ja, meine Brille. Sie haben recht: vielleicht sieht sie ein bißchen komisch aus. Mit diesen grauen Blechrändern um das Glas. Und dann diese grauen Bänder, die man um die Ohren machen muß. Und dieses graue Band quer über die Nase! Man kriegt so ein graues Uniformgesicht davon. So ein blechernes Robotergesicht. So ein Gasmaskengesicht. Aber es ist ja auch eine Gasmaskenbrille.

Mädchen: Gasmaskenbrille?

Beckmann: Gasmaskenbrille. Die gab es für die Soldaten, die eine Brille trugen. Damit sie auch unter der Gasmaske was sehen konnten.

Mädchen: Aber warum laufen Sie denn jetzt noch damit herum? Haben Sie denn keine richtige?

Beckmann: Nein. Gehabt, ja. Aber die ist mir kaputt geschossen. Nein, schön ist sie nicht. Aber ich bin froh, daß ich wenigstens diese habe. Sie ist außerordentlich häßlich, das weiß ich. Und das macht mich manchmal auch unsicher, wenn die Leute mich auslachen. Aber letzten Endes ist das ja egal. Ich kann sie nicht entbehren. Ohne Brille bin ich rettungslos verloren. Wirklich, vollkommen hilflos.

Mädchen: Ja? Ohne sind Sie vollkommen hilflos? *(fröhlich, nicht hart)* Dann geben Sie das abscheuliche Gebilde mal schnell her. Da – was sagen Sie nun! Nein, die bekommen Sie erst wieder, wenn Sie gehen. Außerdem ist es beruhigender für mich, wenn ich weiß, daß Sie so vollkommen hilflos sind. Viel beruhigender. Ohne Brille sehen Sie auch gleich ganz anders aus. Ich glaube, Sie machen nur so einen trostlosen Eindruck, weil Sie immer durch diese grauenhafte Gasmaskenbrille sehen müssen.

Beckmann: Jetzt sehe ich alles nur noch ganz verschwommen. Geben Sie sie wieder raus. Ich sehe ja nichts mehr. Sie selbst sind mit einmal ganz weit weg. Ganz undeutlich.

Mädchen: Wunderbar. Das ist mir gerade recht. Und Ihnen bekommt das auch besser. Mit der Brille sehen Sie ja aus wie ein Gespenst.

Beckmann: Vielleicht bin ich auch ein Gespenst. Eins von gestern, das heute keiner mehr sehen will. Ein Gespenst aus dem Krieg, für den Frieden provisorisch repariert.

Mädchen *(herzlich, warm):* Und was für ein griesgrämiges graues Gespenst! Ich glaube, Sie tragen innerlich auch so eine Gasmaskenbrille, Sie behelfsmäßiger Fisch. Lassen Sie mir die Brille. Es ist ganz gut, wenn Sie mal einen Abend alles ein bißchen verschwommen sehen. Passen

Ihnen denn wenigstens die Hosen? Na, es geht gerade. Da, nehmen Sie mal die Jacke.

Beckmann: Oha! Erst ziehen Sie mich aus dem Wasser, und dann lassen Sie mich gleich wieder ersaufen. Das ist ja eine Jacke für einen Athleten. Welchem Riesen haben Sie die denn gestohlen?

Mädchen: Der Riese ist mein Mann. War mein Mann.

Beckmann: Ihr Mann?

Mädchen: Ja. Dachten Sie, ich handel mit Männerkleidung?

Beckmann: Wo ist er? Ihr Mann?

Mädchen *(bitter, leise):* Verhungert, erfroren, liegengeblieben – was weiß ich. Seit Stalingrad ist er vermißt. Das war vor drei Jahren.

Beckmann *(starr):* In Stalingrad? In Stalingrad, ja. Ja, in Stalingrad, da ist mancher liegengeblieben. Aber einige kommen auch wieder. Und die ziehen dann das Zeug an von denen, die nicht wiederkommen. Der Mann, der Ihr Mann war, der der Riese war, dem dieses Zeug gehört, der ist liegengeblieben. Und ich, ich komme nun her und ziehe sein Zeug an. Das ist schön, nicht wahr. Ist das nicht schön? Und seine Jacke ist so riesig, daß ich fast darin ersaufe. *(hastig)* Ich muß sie wieder ausziehen. Doch. Ich muß wieder mein nasses Zeug anziehen. Ich komme um in dieser Jacke. Sie erwürgt mich, diese Jacke. Ich bin ja ein Witz in dieser Jacke. Ein grauenhafter, gemeiner Witz, den der Krieg gemacht hat. Ich will die Jacke nicht mehr anhaben.

Mädchen *(warm, verzweifelt):* Sei still, Fisch. Behalt sie an, bitte. Du gefällst nur so, Fisch. Trotz deiner komischen Frisur. Die hast du wohl auch aus Rußland mitgebracht, ja? Mit der Brille und dem Bein noch diese kurzen kleinen Borsten. Siehst du, das hab ich mir gedacht. Du mußt nicht denken, daß ich über dich lache, Fisch. Nein, Fisch, das tu ich nicht. Du siehst so wunderbar traurig aus, du armes graues Gespenst: in der weiten Jacke, mit dem Haar und dem steifen Bein. Laß man, Fisch, laß man. Ich finde das nicht zum Lachen. Nein, Fisch, du siehst wunderbar traurig aus. Ich könnte heulen, wenn du mich ansiehst mit deinen trostlosen Augen. Du sagst gar nichts. Sag was, Fisch, bitte. Sag irgendwas. Es braucht keinem Sinn zu haben, aber sag was. Sag was, Fisch, es ist doch so entsetzlich still in der Welt. Sag was, dann ist man nicht so allein. Bitte, mach deinen Mund auf, Fischmensch. Bleib doch da nicht den ganzen Abend stehen. Komm. Setz dich. Hier, neben mich. Nicht so weit ab, Fisch. Du kannst ruhig näher ran kommen, du siehst mich ja doch nur verschwommen. Komm doch, mach meinetwegen die

Augen zu. Komm und sag was, damit etwas da ist. Fühlst du nicht, wie grauenhaft still es ist?

Beckmann *(verwirrt):* Ich sehe dich gerne an. Dich, ja. Aber ich habe bei jedem Schritt Angst, daß es rückwärts geht. Du, das hab ich.

Mädchen: Ach du. Vorwärts, rückwärts. Oben, unten. Morgen liegen wir vielleicht schon weiß und dick im Wasser. Mausestill und kalt. Aber heute sind wir doch noch warm. Heute abend nochmal, du. Fisch, sag was, Fisch. Heute abend schwimmst du nur nicht mehr weg, du. Sei still. Ich glaube dir kein Wort. Aber die Tür, die Tür will ich doch lieber abschließen.

Beckmann: Laß das. Ich bin kein Fisch, und du brauchst die Tür nicht abzuschließen. Nein, du, ich bin weiß Gott kein Fisch.

Mädchen *(innig):* Fisch! Fisch, du! Du graues repariertes nasses Gespenst.

Beckmann *(ganz abwesend):* Mich bedrückt das. Ich ersaufe. Mich erwürgt das. Das kommt, weil ich so schlecht sehe. Das ist ganz und gar nebelig. Aber es erwürgt mich.

Mädchen *(ängstlich):* Was hast du? Du, was hast du denn? Du?

Beckmann *(mit wachsender Angst):* Ich werde jetzt ganz sachte sachte verrückt. Gib mir meine Brille. Schnell. Das kommt alles nur, weil es so nebelig vor meinen Augen ist. Da! Ich habe das Gefühl, daß hinter deinem Rücken ein Mann steht! Die ganze Zeit schon. Ein großer Mann. So eine Art Athlet. Ein Riese, weißt du. Aber das kommt nur, weil ich meine Brille nicht habe, denn der Riese hat nur ein Bein. Er kommt immer näher, der Riese, mit einem Bein und zwei Krücken. Hörst du – teck tock. Teck tock. So machen die Krücken. Jetzt steht er hinter dir. Fühlst du sein Luftholen im Nacken? Gib mir die Brille, ich will ihn nicht mehr sehen! Da, jetzt steht er ganz dicht hinter dir.

Mädchen *(schreit auf und stürzt davon. Eine Tür kreischt und schlägt zu. Dann hört man ganz laut das »Teck tock« der Krücken.)*

Beckmann *(flüstert):* Der Riese!

Der Einbeinige *(monoton):* Was tust du hier. Du? In meinem Zeug? Auf meinem Platz? Bei meiner Frau?

Beckmann *(wie gelähmt):* Dein Zeug? Dein Platz? Deine Frau?

Der Einbeinige *(immer ganz monoton und apathisch):* Und du, was du hier tust?

Beckmann *(stockend, leise):* Das hab ich gestern nacht auch den Mann gefragt, der bei meiner Frau war. In meinem Hemd war. In meinem Bett. Was tust du hier, du? hab ich gefragt. Da hat er die Schultern hochgehoben und wieder fallen lassen und hat gesagt: Ja, was tu ich hier. Das hat er geantwortet. Da hab ich die Schlafzimmertür wieder zugemacht, nein, erst noch das Licht wieder ausgemacht. Und dann stand ich draußen.

Einbeiniger: Komm mit deinem Gesicht unter die Lampe. Ganz nah. *(dumpf)* Beckmann!

Beckmann: Ja. Ich. Beckmann. Ich dachte, du würdest mich nicht mehr kennen.

Einbeiniger *(leise, aber mit ungeheurem Vorwurf):* Beckmann ... Beckmann ... Beckmann!!!

Beckmann *(gefoltert):* Hör auf, du. Sag den Namen nicht! Ich will diesen Namen nicht mehr haben! Hör auf, du!

Einbeiniger *(leiert):* Beckmann. Beckmann.

Beckmann *(schreit auf):* Das bin ich nicht! Das will ich nicht mehr sein! Ich will nicht mehr Beckmann sein!

(Er läuft hinaus. Eine Tür kreischt und schlägt zu. Dann hört man den Wind und einen Menschen durch die stillen Straßen laufen.)

Der Andere: Halt! Beckmann!

Beckmann: Wer ist da?

Der Andere: Ich. Der Andere.

Beckmann: Bist du schon wieder da?

Der Andere: Immer noch, Beckmann. Immer, Beckmann.

Beckmann: Was willst du? Laß mich vorbei.

Der Andere: Nein, Beckmann. Dieser Weg geht an die Elbe. Komm, die Straße ist hier oben.

Beckmann: Laß mich vorbei. Ich will zur Elbe.

Der Andere: Nein, Beckmann. Komm. Du willst diese Straße hier weitergehen.

Beckmann: Die Straße weitergehen! Leben soll ich? Ich soll weitergehen? Soll essen, schlafen, alles?

Der Andere: Komm, Beckmann.

Beckmann *(Mehr apathisch als erregt):* Sag diesen Namen nicht Ich will nicht mehr Beckmann sein. Ich habe keinen Namen mehr. Ich soll weiterleben, wo es einen Menschen gibt, wo es einen Mann mit einem Bein gibt, der meinetwegen nur das eine Bein hat? Der nur ein Bein hat, weil es einen Unteroffizier Beckmann gegeben hat, der gesagt hat: Obergefreiter Bauer, Sie halten Ihren Posten unbedingt bis zuletzt. Ich soll weiterleben, wo es diesen Einbeinigen gibt, der immer Beckmann sagt? Unablässig

Beckmann! Andauernd Beckmann! Und er sagt das, als ob er Grab sagt. Als ob er Mord sagt, oder Hund sagt. Der meinen Namen sagt wie: Weltuntergang!
Dumpf, drohend, verzweifelt. Und du sagst, ich soll weiterleben? Ich stehe draußen, wieder draußen. Gestern abend stand ich draußen. Heute steh ich draußen. Immer steh ich draußen. Und die Türen sind zu. Und dabei bin ich ein Mensch mit Beinen, die schwer und müde sind. Mit einem Bauch, der vor Hunger bellt. Mit einem Blut, das friert hier draußen in der Nacht. Und der Einbeinige sagt immerzu meinen Namen. Und nachts kann ich nicht mal mehr pennen. Wo soll ich denn hin, Mensch? Laß mich vorbei!

Der Andere: Komm, Beckmann. Wir wollen die Straße weitergehen. Wir wollen einen Mann besuchen. Und dem gibst du sie zurück.

Beckmann: Was?

Der Andere: Die Verantwortung.

Beckmann: Wir wollen einen Mann besuchen? Ja, das wollen wir. Und die Verantwortung, die gebe ich ihm zurück. Ja, du, das wollen wir. Ich will eine Nacht pennen ohne Einbeinige. Ich gebe sie ihm zurück.

Ja! Ich bringe ihm die Verantwortung zurück. Ich gebe ihm die Toten zurück. Ihm! Ja, komm, wir wollen einen Mann besuchen, der wohnt in einem warmen Haus. In dieser Stadt, in jeder Stadt. Wir wollen einen Mann besuchen, wir wollen ihm etwas schenken – einem lieben guten braven Mann, der sein ganzes Leben nur seine Pflicht getan, und immer nur die Pflicht! Aber es war eine grausame Pflicht! Es war eine fürchterliche Pflicht! Eine verfluchte – fluchte – fluchte Pflicht! Komm! Komm!

3. Szene

(Eine Stube. Abend. Eine Tür kreischt und schlägt zu. Der Oberst und seine Familie. Beckmann.)

Beckmann: Guten Appetit, Herr Oberst.

Der Oberst *(kaut):* Wie bitte?

Beckmann: Guten Appetit, Herr Oberst.

Oberst: Sie stören beim Abendessen! Ist Ihre Angelegenheit so wichtig?

Beckmann: Nein. Ich wollte nur feststellen, ob ich mich heute nacht ersaufe oder am Leben bleibe. Und wenn ich am Leben bleibe, dann weiß ich noch nicht, wie. Und dann möchte ich am Tage manchmal vielleicht etwas essen. Und nachts, nachts möchte ich schlafen. Weiter nichts.

Oberst: Na na na na! Reden Sie mal nicht so unmännliches Zeug. Waren doch Soldat, wie?

Beckmann: Nein, Herr Oberst.

Schwiegersohn: Wieso nein? Sie haben doch Uniform an.

Beckmann *(eintönig):* Ja. Sechs Jahre. Aber ich dachte immer, wenn ich zehn Jahre lang die Uniform eines Briefträgers anhabe, deswegen bin ich noch lange kein Briefträger.

Tochter: Pappi, frag ihn doch mal, was er eigentlich will. Er kuckt fortwährend auf meinen Teller.

Beckmann *(Freundlich):* Ihre Fenster sehen von draußen so warm aus. Ich wollte mal wieder merken, wie das ist, durch solche Fenster zu sehen. Von innen aber, von innen. Wissen Sie, wie das ist, wenn nachts so helle warme Fenster da sind und man steht draußen?

Mutter *(nicht gehässig, eher voll Grauen):* Vater, sag ihm doch, er soll die Brille abnehmen. Mich friert, wenn ich das sehe.

Oberst: Das ist eine sogenannte Gasmaskenbrille, meine Liebe. Wurde bei der Wehrmacht 1934 als Brille unter der Gasmaske für augenbehinderte Soldaten eingeführt. Warum werfen Sie den Zimt nicht weg? Der Krieg ist aus.

Beckmann: Ja, ja. Der ist aus. Das sagen sie alle. Aber die Brille brauche ich noch. Ich bin kurzsichtig, ich sehe ohne Brille alles verschwommen. Aber so kann ich alles erkennen. Ich sehe ganz genau von hier, was Sie auf dem Tisch haben.

Oberst *(unterbricht):* Sagen Sie mal, was haben Sie für eine merkwürdige Frisur? Haben Sie gesessen? Was ausgefressen, wie? Na, raus mit der Sprache, sind irgendwo eingestiegen, was? Und geschnappt, was?

Beckmann: Jawohl, Herr Oberst. Bin irgendwo mit eingestiegen. In Stalingrad, Herr Oberst. Aber die Tour ging schief, und sie haben uns gegriffen. Drei Jahre haben wir gekriegt, alle hunderttausend Mann. Und unser Häuptling zog sich Zivil an und aß Kaviar. Drei Jahre Kaviar. Und die anderen lagen unterm Schnee und hatten Steppensand im Mund. Und wir löffelten heißes Wasser. Aber der Chef mußte Kaviar essen. Drei Jahre lang. Und uns haben sie die Köpfe abrasiert. Bis zum Hals oder bis zu den Haaren, das kam nicht so genau darauf an. Die Kopfamputierten waren noch die Glücklichsten. Die brauchten wenigstens nicht ewig Kaviar zu löffeln.

Schwiegersohn *(aufgebracht):* Wie findest du das, Schwiegervater? Na? Wie findest du das?

Oberst: Lieber junger Freund, Sie stellen die ganze Sache doch wohl reichlich verzerrt dar. Wir sind doch Deutsche. Wir wollen doch lieber bei unserer guten deutschen

Wahrheit bleiben. Wer die Wahrheit hochhält, der marschiert immer noch am besten, sagt Clausewitz.

Beckmann: Jawohl, Herr Oberst. Schön ist das, Herr Oberst. Ich mache mit, mit der Wahrheit. Wir essen uns schön satt, Herr Oberst, richtig satt, Herr Oberst. Wir ziehen uns ein neues Hemd an und einen Anzug mit Knöpfen und ohne Löcher. Und dann machen wir den Ofen an, Herr Oberst, denn wir haben ja einen Ofen, Herr Oberst, und setzen den Teekessel auf für einen kleinen Grog. Und dann ziehen wir die Jalousien runter und lassen uns in einen Sessel fallen, denn einen Sessel haben wir ja. Wir riechen das feine Parfüm unserer Gattin und kein Blut, nicht wahr, Herr Oberst, kein Blut, und wir freuen uns auf das saubere Bett, das wir ja haben, wir beide, Herr Oberst, das im Schlafzimmer schon auf uns wartet, weich, weiß und warm. Und dann halten wir die Wahrheit hoch, Herr Oberst, unsere gute deutsche Wahrheit.

Tochter: Er ist verrückt.

Schwiegersohn: Ach wo, betrunken.

Mutter: Vater, beende das. Mich friert von dem Menschen.

Oberst *(ohne Schärfe):* Ich habe aber doch stark den Eindruck, daß Sie einer von denen sind, denen das bißchen Krieg die Begriffe und den Verstand verwirrt hat. Warum sind Sie nicht Offizier geworden? Sie hätten zu ganz anderen Kreisen Eingang gehabt. Hätten 'ne anständige Frau gehabt, und dann hätten Sie jetzt auch 'n anständiges Haus. Wärn ja ein ganz anderer Mensch. Warum sind Sie kein Offizier geworden?

Beckmann: Meine Stimme war zu leise, Herr Oberst, meine Stimme war zu leise.

Oberst: Sehen Sie, Sie sind zu leise. Mal ehrlich, einer von denen, die ein bißchen müde sind, ein bißchen weich, wie?

Beckmann: Jawohl, Herr Oberst. So ist es. Ein bißchen leise. Ein bißchen weich. Und müde, Herr Oberst, müde, müde, müde! Ich kann nämlich nicht schlafen, Herr Oberst, keine Nacht, Herr Oberst. Und deswegen komme ich her, darum komme ich zu Ihnen, Herr Oberst, denn ich weiß, Sie können mir helfen. Ich will endlich mal wieder pennen! Mehr will ich ja gar nicht. Nur pennen. Tief, tief pennen.

Mutter: Vater, bleib bei uns. Ich habe Angst. Ich friere von diesem Menschen.

Tochter: Unsinn, Mutter. Das ist einer von denen, die mit einem kleinen Knax nach Hause kommen. Die tun nichts.

Schwiegersohn: Ich finde ihn ziemlich arrogant, den Herrn.

Oberst *(überlegen):* Laßt mich nur machen, Kinder, ich kenne diese Typen von der Truppe.

Mutter: Mein Gott, der schläft ja im Stehen.

Oberst *(fast väterlich):* Müssen ein bißchen hart angefaßt werden, das ist alles. Laßt mich, ich mache das schon.

Beckmann *(ganz weit weg):* Herr Oberst?

Oberst: Also, was wollen Sie nun?

Beckmann *(ganz weit weg):* Herr Oberst?

Oberst: Ich höre, ich höre.

Beckmann: *(schlaftrunken, traumhaft):* Hören Sie, Herr Oberst? Dann ist es gut. Wenn Sie hören, Herr Oberst. Ich will Ihnen nämlich meinen Traum erzählen, Herr Oberst. Den Traum träume ich jede Nacht. Dann wache ich auf, weil jemand so grauenhaft schreit. Und wissen Sie, wer das ist, der da schreit? Ich selbst, Herr Oberst, ich selbst. Ulkig, nicht, Herr Oberst? Und dann kann ich nicht wieder einschlafen. Keine Nacht, Herr Oberst. Denken Sie mal, Herr Oberst, jede Nacht wachliegen. Deswegen bin ich müde, Herr Oberst, ganz furchtbar müde.

Mutter: Vater, bleib bei uns. Mich friert.

Oberst *(interessiert):* Aber von Ihrem Traum wachen Sie auf, sagen Sie?

Beckmann: Nein, von meinem Schrei. Nicht von dem Traum. Von dem Schrei.

Oberst *(interessiert):* Aber der Traum, der veranlaßt Sie zu diesem Schrei, ja?

Beckmann: Denken Sie mal an, ja. Er veranlaßt mich. Der Traum ist nämlich ganz seltsam, müssen Sie wissen. Ich will ihn mal erzählen. Sie hören doch, Herr Oberst, ja? Da steht ein Mann und spielt Xylophon. Er spielt einen rasenden Rhythmus. Und dabei schwitzt er, der Mann, denn er ist außergewöhnlich fett. Und er spielt auf einem Riesenxylophon. Und weil es so groß ist, muß er bei jedem Schlag vor dem Xylophon hin und her sausen. Und dabei schwitzt er, denn er ist tatsächlich sehr fett. Aber er schwitzt gar keinen Schweiß, das ist das Sonderbare. Er schwitzt Blut, dampfendes, dunkles Blut. Und das Blut läuft in zwei breiten roten Streifen an seiner Hose runter, daß er von weitem aussieht wie ein General. Wie ein General! Ein fetter, blutiger General. Es muß ein alter schlachtenerprobter General sein, denn er hat beide Arme verloren. Ja, er spielt mit langen dünnen Prothesen, die wie Handgranatenstiele aussehen, hölzern und mit einem Metallring. Es muß ein ganz fremdartiger Musiker sein, der General, denn die Hölzer seines riesigen Xylophons sind gar nicht aus Holz. Nein, glauben Sie mir, Herr

Oberst, glauben Sie mir, sie sind aus Knochen. Glauben Sie mir das, Herr Oberst, aus Knochen!

Oberst *(leise):* Ja, ich glaube. Aus Knochen.

Beckmann *(immer noch tranceähnlich, spukhaft):* Ja, nicht aus Holz, aus Knochen. Wunderbare weiße Knochen. Schädeldecken hat er da, Schulterblätter, Beckenknochen. Und für die höheren Töne Armknochen und Beinknochen. Dann kommen die Rippen – viele tausend Rippen. Und zum Schluß, ganz am Ende des Xylophons, wo die ganz hohen Töne liegen, da sind Fingerknöchel, Zehen, Zähne. Ja, als Letztes kommen die Zähne. Das ist das Xylophon, auf dem der fette Mann mit den Generalsstreifen spielt. Ist das nicht ein komischer Musiker, dieser General?

Oberst *(unsicher):* Ja, sehr komisch. Sehr, sehr komisch!

Beckmann: Ja, und nun geht es erst los. Nun fängt der Traum erst an. Also, der General steht vor dem Riesenxylophon aus Menschenknochen und trommelt mit seinen Prothesen einen Marsch. Preußens Gloria oder den Badenweiler. Aber meistens spielt er den Einzug der Gladiatoren und die Alten Kameraden. Meistens spielt er die. Die kennen Sie doch, Herr Oberst, die Alten Kameraden? *(summt)*

Oberst: Ja, ja. Natürlich. *(summt ebenfalls)*

Beckmann: Und dann kommen sie. Dann ziehen sie ein, die Gladiatoren, die alten Kameraden. Dann stehen sie auf aus den Massengräbern, und ihr blutiges Gestöhn stinkt bis an den weißen Mond. Und davon sind die Nächte so. So bitter wie Katzengescheiß. So rot, so rot wie Himbeerlimonade auf einem weißen Hemd. Dann sind die Nächte so, daß wir nicht atmen können. Daß wir ersticken, wenn wir keinen Mund zum Küssen und keinen Schnaps zu trinken haben. Bis an den Mond, den weißen Mond, stinkt dann das blutige Gestöhn, Herr Oberst, wenn die Toten kommen, die limonadenfleckigen Toten.

Tochter: Hört ihr, daß er verrückt ist? Der Mond soll weiß sein, sagt er! Weiß! Der Mond!

Oberst *(nüchtern):* Unsinn! Der Mond ist selbstverständlich gelb wie immer. Wie'n Honigbrot! Wie'n Eierkuchen. War immer gelb, der Mond.

Beckmann: Oh nein, Herr Oberst, oh nein! In diesen Nächten, wo die Toten kommen, da ist er weiß und krank. Da ist er wie der Bauch eines schwangeren Mädchens, das sich im Bach ertränkte. So weiß, so krank, so rund. Nein, Herr Oberst, der Mond ist weiß in diesen Nächten, wo die Toten kommen, und ihr blutiges Gestöhn stinkt scharf wie Katzendreck bis in den weißen kranken runden Mond. Blut. Blut. Dann stehen sie auf aus den Massengräbern mit verrotteten Verbänden und blutigen Uniformen. Dann tauchen sie auf aus den Ozeanen, aus den Steppen und Straßen, aus den Wäldern kommen sie, aus Ruinen und Mooren, schwarzgefroren, grün, verwest. Aus der Steppe stehen sie auf, einäugig, zahnlos, einarmig, beinlos, mit zerfetzten Gedärmen, ohne Schädeldecken, ohne Hände, durchlöchert, stinkend, blind. Eine furchtbare Flut kommen sie angeschwemmt, unübersehbar an Zahl, unübersehbar an Qual! Das furchtbare unübersehbare Meer der Toten tritt über die Ufer seiner Gräber und wälzt sich breit, breiig, bresthaft und blutig über die Welt. Und dann sagt der General mit den Blutstreifen zu mir: Unteroffizier Beckmann, Sie übernehmen die Verantwortung. Lassen Sie abzählen. Und dann stehe ich da, vor den Millionen hohlgrinsender Skelette, vor den Fragmenten, den Knochentrümmern, mit meiner Verantwortung, und lasse abzählen. Aber die Brüder zählen nicht. Sie schlenkern furchtbar mit den Kiefern, aber sie zählen nicht. Der General befiehlt fünfzig Kniebeugen. Die mürben Knochen knistern, die Lungen piepen, aber sie zählen nicht! Ist das nicht Meuterei, Herr Oberst? Offene Meuterei?

Oberst *(flüstert):* Ja, offene Meuterei!

Beckmann: Sie zählen, auf Deubelkommraus nicht. Aber sie rotten sich zusammen, die Verrotteten, und bilden Sprechchöre. Donnernde, drohende, dumpfe Sprechchöre. Und wissen Sie, was sie brüllen, Herr Oberst?

Oberst *(flüstert):* Nein.

Beckmann: Beckmann, brüllen sie. Unteroffizier Beckmann. Immer Unteroffizier Beckmann. Und das Brüllen wächst. Und das Brüllen rollt heran, tierisch wie ein Gott schreit, fremd, kalt, riesig. Und das Brüllen wächst und rollt und wächst und rollt! Und das Brüllen wird dann so groß, so erwürgend groß, daß ich keine Luft mehr kriege. Und dann schreie ich, dann schreie ich los in der Nacht. Dann muß ich schreien, so furchtbar, furchtbar schreien. Und davon werde ich dann immer wach. Jede Nacht. Jede Nacht das Konzert auf dem Knochenxylophon, und jede Nacht die Sprechchöre, und jede Nacht der furchtbare Schrei. Und dann kann ich nicht wieder einschlafen, weil ich doch die Verantwortung hatte. Ich hatte doch die Verantwortung. Ja, ich hatte die Verantwortung. Und deswegen komme ich nun zu Ihnen, Herr Oberst, denn ich will endlich mal wieder schlafen. Ich will einmal wieder schlafen. Deswegen komme ich zu Ihnen, weil ich schlafen will, endlich mal wieder schlafen.

Oberst: Was wollen Sie denn von mir?

Beckmann: Ich bringe sie Ihnen zurück.

Oberst: Wen?

Beckmann *(beinah naiv):* Die Verantwortung. Ich bringe Ihnen die Verantwortung zurück. Haben Sie das ganz vergessen, Herr Oberst? Den 14. Februar? Bei Gorodok. Es waren 42 Grad Kälte. Da kamen Sie doch in unsere Stellung, Herr Oberst, und sagten: Unteroffizier Beckmann. Hier, habe ich geschrien. Dann sagten Sie, und Ihr Atem blieb an Ihrem Pelzkragen als Reif hängen – das weiß ich noch ganz genau, denn Sie hatten einen sehr schönen Pelzkragen – dann sagten Sie: Unteroffizier Beckmann, ich übergebe Ihnen die Verantwortung für die zwanzig Mann. Sie erkunden den Wald östlich Gorodok und machen nach Möglichkeit ein paar Gefangene, klar? Jawohl, Herr Oberst, habe ich da gesagt. Und dann sind wir losgezogen und haben erkundet. Und ich – ich hatte die Verantwortung. Dann haben wir die ganze Nacht erkundet, und dann wurde geschossen, und als wir wieder in der Stellung waren, da fehlten elf Mann. Und ich hatte die Verantwortung. Ja, das ist alles, Herr Oberst. Aber nun ist der Krieg aus, nun will ich pennen, nun gebe ich Ihnen die Verantwortung zurück, Herr Oberst, ich will sie nicht mehr, ich gebe sie Ihnen zurück, Herr Oberst.

Oberst: Aber mein lieber Beckmann, Sie erregen sich unnötig. So war es doch nicht gemeint.

Beckmann *(ohne Erregung, aber ungeheuer ernsthaft):* Doch. Doch, Herr Oberst. So muß das gemeint sein. Verantwortung ist doch nicht nur ein Wort, eine chemische Formel, nach der helles Menschenfleisch in dunkle Erde verwandelt wird. Man kann doch Menschen nicht für ein leeres Wort sterben lassen. Irgendwo müssen wir doch hin mit unserer Verantwortung. Die Toten – antworten nicht. Gott – antwortet nicht. Aber die Lebenden, die fragen. Die fragen jede Nacht, Herr Oberst. Wenn ich dann wach liege, dann kommen sie und fragen. Frauen, Herr Oberst, traurige, trauernde Frauen. Alte Frauen mit grauem Haar und harten rissigen Händen – junge Frauen mit einsamen sehnsüchtigen Augen. Kinder, Herr Oberst, Kinder, viele kleine Kinder. Und die flüstern dann aus der Dunkelheit: Unteroffizier Beckmann, wo ist mein Vater, Unteroffizier Beckmann? Unteroffizier Beckmann, wo ist mein Sohn, wo ist mein Bruder, Unteroffizier Beckmann, wo ist mein Verlobter, Unteroffizier Beckmann? Unteroffizier Beckmann, wo? wo? wo? So flüstern sie, bis es hell wird. Es sind nur elf Frauen, Herr Oberst, bei mir sind es nur elf. Wieviel sind es bei Ihnen, Herr Oberst? Tausend? Zweitausend? Schlafen Sie gut, Herr Oberst? Dann macht es Ihnen wohl nichts aus, wenn ich Ihnen zu den zweitausend noch die Verantwortung für meine elf dazugebe. Können Sie schlafen, Herr Oberst? Mit zweitausend nächtlichen Gespenstern? Können Sie überhaupt leben, Herr Oberst, können Sie eine Minute leben, ohne zu schreien? Herr Oberst, Herr Oberst, schlafen Sie nachts gut? Ja? Dann macht es Ihnen ja nichts aus, dann kann ich wohl nun endlich pennen – wenn Sie so nett sind und sie wieder zurücknehmen, die Verantwortung. Dann kann ich wohl nun endlich in aller Seelenruhe pennen. Seelenruhe, das war es, ja, Seelenruhe, Herr Oberst!

Und dann: schlafen! Mein Gott!

Oberst: *(ihm bleibt doch die Luft weg. Aber dann lacht er seine Beklemmung fort, aber nicht gehässig, eher jovial und rauhbeinig, gutmütig, sagt sehr unsicher):* Junger Mann, junger Mann! Ich weiß nicht recht, ich weiß nicht recht. Sind Sie nun ein heimlicher Pazifist, wie? So ein bißchen destruktiv, ja? Aber – *(er lacht zuerst verlegen, dann aber siegt sein gesundes Preußentum, und er lacht aus voller Kehle)* mein Lieber, mein Lieber! Ich glaube beinahe, Sie sind ein kleiner Schelm, wie? Hab ich recht? Na? Sehen Sie, Sie sind ein Schelm, was? *(Er lacht)* Köstlich, Mann, ganz köstlich! Sie haben wirklich den Bogen raus! Nein, dieser abgründige Humor! Wissen Sie *(von seinem*

Gelächter unterbrochen), wissen Sie, mit dem Zeug, mit der Nummer, können Sie so auf die Bühne! So auf die Bühne! *(Der Oberst will Beckmann nicht verletzen, aber er ist so gesund und so sehr naiv und alter Soldat, daß er Beckmanns Traum nur als Witz begreift)* Diese blödsinnige Brille, diese ulkige versaute Frisur! Sie müßten das Ganze mit Musik bringen *(lacht)*. Mein Gott, dieser köstliche Traum! Die Kniebeugen, die Kniebeugen mit Xylophonmusik! Nein, mein Lieber, Sie müssen so auf die Bühne! Die Menschheit lacht sich, lacht sich ja kaputt!!! Oh, mein Gott!!! *(lacht mit Tränen in den Augen und pustet)* Ich hatte ja im ersten Moment gar nicht begriffen, daß Sie so eine komische Nummer bringen wollten. Ich dachte wahrhaftig, Sie hätten so eine leichte Verwirrung im Kopf. Hab doch nicht geahnt, was Sie für ein Komiker sind. Nein, also, mein Lieber, Sie haben uns wirklich so einen reizenden Abend bereitet – das ist eine Gegenleistung wert. Wissen Sie was? Gehen Sie runter zu meinem Chauffeur, nehmen Sie sich warm Wasser, waschen Sie sich, nehmen Sie sich den Bart ab. Machen Sie sich menschlich. Und dann lassen Sie sich vom Chauffeur einen von meinen alten Anzügen geben. Ja, das ist mein Ernst! Schmeißen Sie ihre zerrissenen Klamotten weg, ziehen Sie sich einen alten Anzug von mir an, doch, das dürfen Sie ruhig annehmen, und dann werden Sie erstmal wieder ein Mensch, mein lieber Junge! Werden Sie erstmal wieder ein Mensch!!!

Beckmann *(wacht auf und wacht auch zum ersten Mal aus seiner Apathie auf)*: Ein Mensch? Werden? Ich soll erstmal wieder ein Mensch werden? *(schreit)* Ich soll ein Mensch werden? Ja, was seid Ihr denn? Menschen? Menschen? Wie? Was? Ja? Seid Ihr Menschen? Ja?!?

Mutter *(schreit schrill und gellend auf; es fällt etwas um):* Nein! Er bringt uns um! Neiiin!!!

(Furchtbares Gepolter, die Stimmen der Familie schreien aufgeregt durcheinander)

Schwiegersohn: Halt die Lampe fest!

Tochter: Hilfe! Das Licht ist aus! Mutter hat die Lampe umgestoßen!

Oberst: Ruhig, Kinder!

Mutter: Macht doch mal Licht!

Schwiegersohn: Wo ist denn die Lampe?

Oberst: Da. Da ist sie doch schon.

Mutter: Gott sei Dank, daß wieder Licht ist.

Schwiegersohn: Und der Kerl ist weg. Sah mir gleich nicht ganz einwandfrei aus, der Bruder.

Tochter: Eins, zwei, drei – vier. Nein, es ist alles noch da. Nur der Aufschnitt-Teller ist zerbrochen.

Oberst: Zum Donnerwetter ja, worauf hatte er es denn abgesehen?

Schwiegersohn: Vielleicht war er wirklich bloß blöde.

Tochter: Nein, seht Ihr? Die Rumflasche fehlt.

Mutter: Gott, Vater, dein schöner Rum!

Tochter: Und das halbe Brot – ist auch weg!

Oberst: Was, das Brot?

Mutter: Das Brot hat er mitgenommen? Ja, was will er denn mit dem Brot?

Schwiegersohn: Vielleicht will er das essen. Oder versetzen. Diese Kreise schrecken ja vor nichts zurück.

Tochter: Ja, vielleicht will er das essen.

Mutter: Ja, aber – aber das trockene Brot?

(Eine Tür kreischt und schlägt zu)

Beckmann *(wieder auf der Straße. Eine Flasche gluckert)*: Die Leute haben recht *(wird zunehmend betrunken)*. Prost, der wärmt. Nein, die Leute haben recht. Prost. Sollen wir uns hinstellen und um die Toten trauern, wo er uns selbst dicht auf den Hacken sitzt? Prost. Die Leute haben recht!

Die Toten wachsen uns über den Kopf. Gestern zehn Millionen. Heute sind es schon dreißig. Morgen kommt einer und sprengt einen ganzen Erdteil in die Luft. Nächste Woche erfindet einer den Mord aller in sieben Sekunden mit zehn Gramm Gift. Sollen wir trauern!? Prost, ich hab das dunkle Gefühl, daß wir uns bei Zeiten nach einem anderen Planeten umsehen müssen. Prost! Die Leute haben recht. Ich geh zum Zirkus. Die haben ja recht, Mensch. Der Oberst hat sich halb tot gelacht! Er sagt, ich müßte so auf die Bühne. Humpelnd, mit dem Mantel, mit der Visage, mit der Brille in der Visage und mit der Bürste auf dem Kopf. Der Oberst hat recht, die Menschheit lacht sich kaputt! Prost Es lebe der Oberst! Der hat mir das Leben gerettet. Heil, Herr Oberst! Prost, es lebe das Blut! Es lebe das Gelächter über die Toten! Ich geh zum Zirkus, die Leute lachen sich kaputt, wenn es recht grausig hergeht, mit Blut und vielen Toten. Komm, glucker nochmal aus der Buddel, prost. Der Schnaps hat mir das Leben gerettet, mein Verstand ist ersoffen! Prost! *(großartig und besoffen)* Wer Schnaps hat oder ein Bett oder ein Mädchen, der träume seinen letzten Traum! Morgen kann es schon zu spät sein! Der baue sich aus seinem Traum eine Arche Noah und segel saufend und singend über das Entsetzliche rüber in die ewige Finsternis. Die andern ersaufen in Angst und

Verzweiflung! Wer Schnaps hat, ist gerettet! Prost! Es lebe der blutige Oberst! Es lebe die Verantwortung! Heil! Ich gehe zum Zirkus! Es lebe der Zirkus! Der ganze große Zirkus!

4. Szene

(Ein Zimmer. Der Direktor eines Kabaretts. Beckmann, noch leicht angetrunken.)

Direktor *(sehr überzeugt)*: Sehen Sie, gerade in der Kunst brauchen wir wieder eine Jugend, die zu allen Problemen aktiv Stellung nimmt. Eine mutige, nüchterne –

Beckmann *(vor sich hin)*: Nüchtern, ja ganz nüchtern muß sie sein.

Direktor: – revolutionäre Jugend. Wir brauchen einen Geist wie Schiller, der mit zwanzig seine Räuber machte. Wir brauchen einen Grabbe, einen Heinrich Heine! So einen genialen angreifenden Geist haben wir nötig! Eine unromantische, wirklichkeitsnahe und handfeste Jugend, die den dunklen Seiten des Lebens gefaßt ins Auge sieht, unsentimental, objektiv, überlegen. Junge Menschen brauchen wir, eine Generation, die die Welt sieht und liebt, wie sie ist. Die die Wahrheit hochhält, Pläne hat, Ideen hat. Das brauchen keine tiefgründigen Weisheiten zu sein. Um Gottes willen nichts Vollendetes, Reifes und

Abgeklärtes. Das soll ein Schrei sein, ein Aufschrei ihrer Herzen. Frage, Hoffnung, Hunger!

Beckmann *(für sich)*: Hunger, ja, den haben wir.

Direktor: Aber jung muß diese Jugend sein, leidenschaftlich und mutig. Gerade in der Kunst! Sehen Sie mich an: Ich stand schon als Siebzehnjähriger auf den Brettern des Kabaretts und habe dem Spießer die Zähne gezeigt und ihm die Zigarre verdorben. Was uns fehlt, das sind die Avantgardisten, die das graue lebendige leidvolle Gesicht unserer Zeit präsentieren!

Beckmann *(für sich)*: Ja, ja: Immer wieder präsentieren. Gesichter, Gewehre, Gespenster. Irgendwas wird immer präsentiert.

Direktor: – Übrigens bei Gesicht fällt mir ein: Wozu laufen Sie eigentlich mit diesem nahezu grotesken Brillengestell herum? Wo haben Sie das originelle Ding denn bloß her, Mann? Man bekommt ja einen Schluckauf, wenn man Sie ansieht. Das ist ja ein ganz toller Apparat, den Sie da auf der Nase haben.

Beckmann *(automatisch)*: Ja, meine Gasmaskenbrille. Die haben wir beim Militär bekommen, wir Brillenträger, damit wir auch unter der Gasmaske den Feind erkennen und schlagen konnten.

Direktor: Aber der Krieg ist doch lange vorbei! Wir haben doch längst wieder das dickste Zivilleben! Und Sie zeigen sich noch immer in diesem militärischen Aufzug.

Beckmann: Das müssen Sie mir nicht übelnehmen. Ich bin erst vorgestern aus Sibirien gekommen. Vorgestern? Ja, vorgestern!

Direktor: Sibirien? Gräßlich, was? Gräßlich. Ja, der Krieg! Aber die Brille, haben Sie denn keine andere?

Beckmann: Ich bin glücklich, daß ich wenigstens diese habe. Das ist meine Rettung. Es gibt doch sonst keine Rettung – keine Brillen, meine ich.

Direktor: Ja, haben Sie denn nicht vorgesorgt, mein Guter?

Beckmann: Wo, in Sibirien?

Direktor: Ah, natürlich. Dieses dumme Sibirien! Sehen Sie, ich habe mich eingedeckt mit Brillen. Ja, Köpfchen! Ich bin glücklicher Inhaber von drei erstklassigen rassigen Hornbrillen. Echtes Horn, mein Lieber! Eine gelbe zum Arbeiten. Eine unauffällige zum Ausgehen. Und eine abends für die Bühne, verstehen Sie, eine schwarze schwere Hornbrille. Das sieht aus, mein Lieber: Klasse!

Beckmann: Und ich habe nichts, was ich Ihnen geben könnte, damit Sie mir eine abtreten. Ich komme mir selbst so behelfsmäßig und repariert vor. Ich weiß auch, wie blödsinnig blöde das Ding aussieht, aber was soll ich machen? Könnten Sie mir nicht eine –

Direktor: Wo denken Sie hin, mein bester Mann? Von meinen paar Brillen kann ich keine einzige entbehren. Meine ganzen Einfälle, meine Wirkung, meine Stimmungen sind von ihnen abhängig.

Beckmann: Ja, das ist es eben: meine auch. Und Schnaps hat man nicht jeden Tag. Und wenn der alle ist, ist das Leben wie Blei: zäh, grau und wertlos. Aber für die Bühne wirkt diese himmelschreiend häßliche Brille wahrscheinlich viel besser.

Direktor: Wieso das?

Beckmann: Ich meine komischer. Die Leute lachen sich doch kaputt, wenn die mich sehen mit der Brille. Und dann noch die Frisur, und der Mantel. Und das Gesicht, müssen Sie bedenken, mein Gesicht! Das ist doch alles ungeheuer lustig, was?

Direktor *(dem etwas unheimlich wird)*: Lustig? Lustig? Den Leuten bleibt das Lachen in der Kehle stecken, mein Lieber. Bei Ihrem Anblick wird ihnen das naßkalte Grauen den Nacken hochkriechen. Das naßkalte Grauen vor diesem Gespenst aus der Unterwelt wird ihnen hochkommen. Aber die Leute wollen doch schließlich Kunst genießen, sich erheben, erbauen und keine naßkalten Gespenster sehen. Nein, so können wir Sie nicht loslassen. Etwas genialer, überlegener, heiterer müssen wir den Leuten schon kommen. Positiv! Positiv, mein Lieber! Denken Sie an Goethe! Denken Sie an Mozart! Die Jungfrau von Orléans, Richard Wagner, Schmeling, Shirley Temple!

Beckmann: Gegen solche Namen kann ich natürlich nicht gegen an. Ich bin nur Beckmann. Vorne B – hinten eckmann.

Direktor: Beckmann? Beckmann? Ist mir im Moment gar nicht geläufig beim Kabarett. Oder haben Sie unter einem Pseudonym gearbeitet?

Beckmann: Nein, ich bin ganz neu. Ich bin Anfänger.

Direktor *(schwenkt völlig um)*: Sie sind Anfänger? Ja, mein Bester, so leicht geht die Sache im Leben aber nun doch nicht. Nein, das denken Sie sich doch wohl ein bißchen einfach. So mir nichts dir nichts macht man keine Karriere! Sie unterschätzen die Verantwortung von uns Unternehmern! Einen Anfänger bringen, das kann den Ruin bedeuten. Das Publikum will Namen!

Beckmann: Goethe, Schmeling, Shirley Temple oder sowas, nicht?

Direktor: Eben die. Aber Anfänger? Neulinge, Unbekannte? Wie alt sind Sie denn?

Beckmann: Fünfundzwanzig.

Direktor: Na, sehen Sie. Lassen Sie sich erst mal den Wind um die Nase wehen, junger Freund. Riechen Sie erst mal ein wenig hinein ins Leben. Was haben Sie denn so bis jetzt gemacht?

Beckmann: Nichts. Krieg: Gehungert. Gefroren. Geschossen: Krieg. Sonst nichts.

Direktor: Sonst nichts? Na, und was ist das? Reifen Sie auf dem Schlachtfeld des Lebens, mein Freund. Arbeiten Sie. Machen Sie sich einen Namen, dann bringen wir Sie in großer Aufmachung raus. Lernen Sie die Welt kennen, dann kommen Sie wieder. Werden Sie jemand!

Beckmann *(der bisher ruhig und eintönig war, jetzt allmählich erregter)*: Und wo soll ich anfangen? Wo denn? Einmal muß man doch irgendwo eine Chance bekommen. Irgendwo muß doch ein Anfänger mal anfangen. In Rußland ist uns zwar kein Wind um die Nase geweht, aber dafür Metall, viel Metall. Heißes hartes herzloses Metall. Wo sollen wir denn anfangen! Wo denn? Wir wollen doch endlich einmal anfangen! Menschenskind!

Direktor: Menschenskind können Sie sich ruhig verkneifen. Ich habe schließlich keinen nach Sibirien geschickt. Ich nicht.

Beckmann: Nein, keiner hat uns nach Sibirien geschickt. Wir sind ganz von alleine gegangen. Alle ganz von alleine. Und einige, die sind ganz von alleine dageblieben. Unterm Schnee, unterm Sand. Die hatten eine Chance, die Gebliebenen, die Toten. Aber wir, wir können nun nirgendwo anfangen. Nirgendwo anfangen.

Direktor *(resigniert)*: Wie Sie wollen! Also: dann fangen Sie an. Bitte. Stellen Sie sich dahin. Beginnen Sie. Machen Sie nicht so lange. Zeit ist teuer. Also, bitte. Wenn Sie so liebenswürdig sein wollen, fangen Sie an. Ich gebe Ihnen die große Chance. Sie haben immenses Glück: ich leihe Ihnen mein Ohr. Schätzen Sie das, junger Mann, schätzen Sie das, sag ich Ihnen! Fangen Sie also in Gottes Namen an. Bitte. Da. Also. *(Leise Xylophonmusik. Man erkennt die Melodie der »tapferen kleinen Soldatenfrau«.)*

Beckmann *(singt, mehr gesprochen, leise, apathisch und monoton)*:

Tapfere kleine Soldatenfrau –
ich kenn das Lied noch ganz genau,
das süße schöne Lied.
Aber in Wirklichkeit: War alles Schiet!

Refrain: Die Welt hat gelacht
und ich hab gebrüllt.
Und der Nebel der Nacht
hat dann alles verhüllt.
Nur der Mond grinst noch
durch ein Loch
in der Gardine!

Als ich jetzt nach Hause kam,
da war mein Bett besetzt.
Daß ich mir nicht das Leben nahm,
das hat mich selbst entsetzt.

Refrain: Die Welt hat gelacht ...

Da hab ich mir um Mitternacht
ein neues Mädchen angelacht.
Von Deutschland hat sie nichts gesagt
Und Deutschland hat auch nicht nach uns gefragt.
Die Nacht war kurz, der Morgen kam,
und da stand einer in der Tür.
Der hatte nur ein Bein und das war ihr Mann.
Und das war morgens um vier.

Refrain: Die Welt hat gelacht ...

Nun lauf ich wieder draußen nun
und in mir geht das Lied herum
das Lied von der sau –

das Lied von der sau –
das Lied von der sauberen Soldatenfrau.

(Das Xylophon verkleckert.)

Direktor *(feige)*: So übel nicht, nein, wirklich nicht so übel. Ganz brav schon. Für einen Anfänger sehr brav. Aber das Ganze hat natürlich noch zu wenig Esprit, mein lieber junger Mann. Das schillert nicht genug. Der gewisse Glanz fehlt. Das ist natürlich noch keine Dichtung. Es fehlt noch das Timbre und die diskrete pikante Erotik, die gerade das Thema Ehebruch verlangt. Das Publikum will gekitzelt werden und nicht gekniffen. Sonst ist es aber sehr brav für Ihre Jugend. Die Ethik – und die tiefere Weisheit fehlt noch – aber wie gesagt: für einen Anfänger doch nicht so übel! Es ist noch zu sehr Plakat, zu deutlich, –

Beckmann *(stur vor sich hin)*: – zu deutlich.

Direktor: – zu laut. Zu direkt, verstehen Sie. Ihnen fehlt bei Ihrer Jugend natürlich noch die heitere –

Beckmann *(stur vor sich hin)*: – heiter.

Direktor: – Gelassenheit, die Überlegenheit. Denken Sie an unseren Altmeister Goethe. Goethe zog mit seinem Herzog ins Feld – und schrieb am Lagerfeuer eine Operette.

Beckmann *(stur vor sich hin)*: Operette.

Direktor: Das ist Genie! Das ist der große Abstand!

Beckmann: Ja, das muß man wohl zugeben, das ist ein großer Abstand.

Direktor: Lieber Freund, warten wir noch ein paar Jährchen.

Beckmann: Warten? Ich hab doch Hunger! Ich muß doch arbeiten!

Direktor: Ja, aber Kunst muß reifen. Ihr Vortrag ist noch ohne Eleganz und Erfahrung. Das ist alles zu grau, zu nackt. Sie machen mir ja das Publikum böse. Nein, wir können die Leute nicht mit Schwarzbrot –

Beckmann: *(stur vor sich hin):* Schwarzbrot.

Direktor; – füttern, wenn sie Biskuit verlangen. Gedulden Sie sich noch. Arbeiten Sie an sich, feilen Sie, reifen Sie. Dies ist schon ganz brav, wie gesagt, aber es ist noch keine Kunst.

Beckmann: Kunst, Kunst! Aber es ist doch Wahrheit!

Direktor: Ja, Wahrheit! Mit der Wahrheit hat die Kunst doch nichts zu tun!

Beckmann *(stur vor sich hin):* Nein.

Direktor: Mit der Wahrheit kommen Sie nicht weit.

Beckmann *(stur vor sich hin):* Nein.

Direktor: Damit machen Sie sich nur unbeliebt. Wo kämen wir hin, wenn alle Leute plötzlich die Wahrheit sagen wollten! Wer will denn heute etwas von der Wahrheit wissen? Hm? Wer? Das sind die Tatsachen, die Sie nie vergessen dürfen.

Beckmann *(bitter):* Ja, ja. Ich verstehe. Danke auch. Langsam verstehe ich schon. Das sind die Tatsachen, die man nie vergessen darf, *(seine Stimme wird immer härter, bis sie beim Kreischen der Tür ganz laut wird)* die man nie vergessen darf: mit der Wahrheit kommt man nicht weit. Mit der Wahrheit macht man sich nur unbeliebt. Wer will denn heute etwas von der Wahrheit wissen? *(laut)* – Ja, langsam verstehe ich schon, das sind so die Tatsachen – – *(Beckmann geht grußlos ab. Eine Tür kreischt und schlägt zu.)*

Direktor: Aber junger Mann! Warum gleich so empfindlich?

Beckmann *(verzweifelt):*

Der Schnaps war alle
und die Welt war grau,
wie das Fell, wie das Fell
einer alten Sau!

Der Weg in die Elbe geht geradeaus.

Der andere: Bleib hier, Beckmann! Die Straße ist hier! Hier oben!

Beckmann: Die Straße stinkt nach Blut. Hier haben sie die Wahrheit massakriert. Meine Straße will zur Elbe! Und die geht hier unten!

Der andere: Komm, Beckmann, du darfst nicht verzweifeln! Die Wahrheit lebt!

Beckmann: Mit der Wahrheit ist das wie mit einer stadtbekannten Hure. Jeder kennt sie, aber es ist peinlich, wenn man ihr auf der Straße begegnet. Damit muß man es heimlich halten, nachts. Am Tage ist sie grau, roh und häßlich, die Hure und die Wahrheit. Und mancher verdaut sie ein ganzes Leben nicht.

Der andere: Komm, Beckmann, irgendwo steht immer eine Tür offen.

Beckmann: Ja, für Goethe. Für Shirley Temple oder Schmeling. Aber ich bin bloß Beckmann, Beckmann mit 'ner ulkigen Brille und 'ner ulkigen Frisur. Beckmann mit 'nem Humpelbein und 'nem Weihnachtsmannmantel. Ich bin nur ein schlechter Witz, den der Krieg gemacht hat, ein Gespenst von gestern. Und weil ich nur Beckmann bin und nicht Mozart, deswegen sind alle Türen zu. Bums. Deswegen stehe ich draußen. Bums. Mal wieder. Bums. Und immer noch. Bums. Und immer wieder draußen.

Bums. Und weil ich ein Anfänger bin, deswegen kann ich nirgendwo anfangen. Und weil ich zu leise bin, bin ich kein Offizier geworden! Und weil ich zu laut bin, mach ich das Publikum bange. Und weil ich ein Herz habe, das nachts schreit über die Toten, deswegen muß ich erst wieder ein Mensch werden. Im Anzug von Herrn Oberst.

Der Schnaps ist alle
und die Welt ist grau,
wie das Fell, wie das Fell
von einer alten Sau!

Die Straße stinkt nach Blut, weil man die Wahrheit massakriert hat, und alle Türen sind zu. Ich will nach Hause, aber alle Straßen sind finster. Nur die Straße nach der Elbe runter, die ist hell. Oh, die ist hell!

Der andere: Bleib hier, Beckmann! Deine Straße ist doch hier. Hier geht es nach Hause. Du mußt nach Hause, Beckmann. Dein Vater sitzt in der Stube und wartet. Und deine Mutter steht schon an der Tür. Sie hat deinen Schritt erkannt.

Beckmann: Mein Gott! Hach Hause! Ja, ich will nach Hause. Ich will zu meiner Mutter! Ich will endlich zu meiner Mutter!!! Zu meiner –

Der andere: Komm. Hier ist deine Straße. Da, wo man zuerst hingehen sollte, daran denkt man zuletzt.

Beckmann: Nach Hause, wo meine Mutter ist, meine Mutter – – – – –

5. Szene

(Ein Haus. Eine Tür. Beckmann.)

Beckmann: Unser Haus steht noch! Und es hat eine Tür. Und die Tür ist für mich da. Meine Mutter ist da und macht mir die Tür auf und läßt mich rein. Daß unser Haus noch steht! Die Treppe knarrt auch immer noch. Und da ist unsere Tür. Da kommt mein Vater jeden Morgen um acht Uhr raus. Da geht er jeden Abend wieder rein. Nur sonntags nicht. Da fuchtelt er mit dem Schlüsselbund umher und knurrt vor sich hin. Jeden Tag. Ein ganzes Leben. Da geht meine Mutter rein und raus. Dreimal, siebenmal, zehnmal am Tag. Jeden Tag. Ein Leben lang. Ein langes Leben lang. Das ist unsere Tür. Dahinter miaut die Küchentür, dahinter kratzt die Uhr mit ihrer heiseren Stimme die unwiederbringlichen Stunden. Dahinter habe ich auf einem umgekippten Stuhl gesessen und Rennfahrer gespielt. Und dahinter hustet mein Vater. Dahinter rülpst der ausgeleierte Wasserhahn und die Kacheln in der Küche klickern, wenn meine Mutter da herumpütschert. Das ist unsere Tür. Dahinter röppelt sich ein Leben ab von einem ewigen Knäuel. Ein Leben, das schon immer so war, dreißig Jahre lang. Und das immer so weitergeht. Der Krieg ist an dieser Tür vorbeigegangen. Er hat sie nicht eingeschlagen und nicht aus den Angeln gerissen. Unsere Tür hat er stehen lassen, zufällig, aus Versehen. Und nun ist diese Tür für mich da. Für mich geht sie auf. Und hinter mir geht sie zu, und dann stehe ich nicht mehr draußen. Dann bin ich zu Hause. Das ist unsere alte Tür mit ihrer abgeblätterten Farbe und dem verbeulten Briefkasten. Mit dem wackeligen weißen Klingelknopf und dem blanken Messingschild, das meine Mutter jeden Morgen putzt und auf dem unser Name steht: Beckmann –

Nein, das Messingschild ist ja gar nicht mehr da! Warum ist denn das Messingschild nicht mehr da? Wer hat denn unseren Namen weggenommen? Was soll denn diese schmutzige Pappkarte an unserer Tür? Mit diesem fremden Namen? Hier wohnt doch gar kein Kramer! Warum steht denn unser Name nicht mehr an der Tür? Der steht doch schon dreißig Jahre da. Der kann doch nicht einfach abgemacht und durch einen anderen ersetzt werden! Wo ist denn unser Messingschild? Die andern Namen im Haus sind doch auch noch alle an ihren Türen. Wie immer. Warum steht hier denn nicht mehr Beckmann? Da kann man doch nicht einfach einen anderen Namen annageln, wenn da dreißig Jahre lang Beckmann angestanden hat. Wer ist denn dieser Kramer!?

(Er klingelt. Die Tür geht kreischend auf.)

Frau Kramer *(mit einer gleichgültigen, grauenhaften, glatten Freundlichkeit, die furchtbarer ist als alle Roheit und Brutalität):* Was wollen Sie?

Beckmann: Ja, guten Tag, ich –

Frau Kramer: Was?

Beckmann: Wissen Sie, wo unser Messingschild geblieben ist?

Frau Kramer: Was für ein »unser Schild«?

Beckmann: Das Schild, das hier immer an war. Dreißig Jahre lang.

Frau Kramer: Weiß ich nicht.

Beckmann: Wissen Sie denn nicht, wo meine Eltern sind?

Frau Kramer: Wer sind das? Wer sind Sie denn?

Beckmann: Ich heiße Beckmann. Ich bin hier doch geboren. Das ist doch unsere Wohnung.

Frau Kramer *(immer mehr schwatzhaft und schnodderig als absichtlich gemein):* Nein, das stimmt nicht. Das ist unsere Wohnung. Geboren können Sie hier ja meinetwegen sein, das ist mir egal, aber Ihre Wohnung ist das nicht. Die gehört uns.

Beckmann: Ja, ja. Aber wo sind denn meine Eltern geblieben? Die müssen doch irgendwo wohnen!

Frau Kramer: Sie sind der Sohn von diesen Leuten, von diesen Beckmanns, sagen Sie? Sie heißen Beckmann?

Beckmann: Ja, natürlich, ich bin Beckmann. Ich bin doch hier in dieser Wohnung geboren.

Frau Kramer: Das können Sie ja auch. Das ist mir ganz egal. Aber die Wohnung gehört uns.

Beckmann: Aber meine Eltern! Wo sind meine Eltern denn abgeblieben? Können Sie mir denn nicht sagen, wo sie sind?

Frau Kramer: Das wissen Sie nicht? Und Sie wollen der Sohn sein, sagen Sie? Sie kommen mir aber vor! Wenn Sie das nicht mal wissen, wissen Sie?

Beckmann: Um Gotteswillen, wo sind sie denn hin, die alten Leute? Sie haben hier dreißig Jahre gewohnt und nun sollen sie mit einmal nicht mehr da sein? Reden Sie doch was! Sie müssen doch irgendwo sein!

Frau Kramer: Doch. Soviel ich weiß: Kapelle 5.

Beckmann: Kapelle 5? Was für eine Kapelle 5 denn?

Frau Kramer *(resigniert, eher wehleidig als brutal):* Kapelle 5 in Ohlsdorf. Wissen Sie, was Ohlsdorf ist? Ne

Gräberkolonie. Wissen Sie, wo Ohlsdorf liegt? Bei Fuhlsbüttel. Da oben sind die drei Endstationen von Hamburg. In Fuhlsbüttel das Gefängnis, in Alsterdorf die Irrenanstalt. Und in Ohlsdorf der Friedhof. Sehen Sie, und da sind sie geblieben, Ihre Alten. Da wohnen sie nun. Verzogen, abgewandert, parti. Und das wollen Sie nicht wissen?

Beckmann: Was machen sie denn da? Sind sie denn tot? Sie haben doch noch eben gelebt. Woher soll ich das denn wissen? Ich war drei Jahre lang in Sibirien. Über tausend Tage. Sie sollen tot sein? Eben waren sie doch noch da. Warum sind sie denn gestorben, ehe ich nach Hause kam? Ihnen fehlte doch nichts. Nur daß mein Vater den Husten hatte. Aber den hatte er immer. Und daß meine Mutter kalte Füße hatte von der gekachelten Küche. Aber davon stirbt man doch nicht. Warum sind sie denn gestorben? Sie hatten doch gar keinen Grund. Sie können doch nicht so einfach stillschweigend wegsterben!

Frau Kramer *(vertraulich, schlampig, auf rauhe Art sentimental):* Ha, Sie sind vielleicht 'ne Marke, Sie komischer Sohn. Gut, Schwamm drüber. Tausend Tage Sibirien ist auch kein Spaß. Versteh schon, wenn man dabei durchdreht und in die Knie geht. Die alten Beckmanns konnten nicht mehr, wissen Sie. Hatten sich ein bißchen verausgabt im Dritten Reich, das wissen Sie doch. Was braucht so ein alter Mann noch Uniform zu tragen. Und dann war er ein bißchen doll auf die Juden, das wissen Sie doch, Sie, Sohn, Sie. Die Juden konnte Ihr Alter nicht verknusen. Die regten seine Galle an. Er wollte sie alle eigenhändig nach Palästina jagen, hat er immer gedonnert. Im Luftschutzkeller, wissen Sie, immer wenn eine Bombe runterging, hat er einen Fluch auf die Juden losgelassen. War ein bißchen sehr aktiv, Ihr alter Herr. Hat sich reichlich verausgabt bei den Nazis. Na, und als das braune Zeitalter vorbei war, da haben sie ihn dann hochgehen lassen, den Herrn Vater. Wegen den Juden. War ja ein bißchen doll, das mit den Juden. Warum konnte er auch seinen Mund nicht halten. War eben zu aktiv, der alte Beckmann. Und als es nun vorbei war mit den braunen Jungs, da haben sie ihm mal ein bißchen auf den Zahn gefühlt. Na, und der Zahn war ja faul, das muß man wohl sagen, der war ganz oberfaul. – Sagen Sie mal, ich freue mich schon die ganze Zeit über das drollige Ding, was Sie da als Brille auf die Nase gebastelt haben. Wozu machen Sie denn so einen Heckmeck. Das kann man doch nicht als vernünftige Brille ansprechen. Haben Sie denn keine normale, Junge?

Beckmann *(automatisch):* Nein. Das ist eine Gasmaskenbrille, die bekamen die Soldaten, die –

Frau Kramer: Kenn ich doch. Weiß ich doch. Ne, aber aufsetzen würde ich sowas nicht. Dann lieber zuhause bleiben. Das wär was für meinen Alten. Wissen Sie, was der zu Ihnen sagen würde? Der würde sagen: Mensch, Junge, nimm doch das Brückengeländer aus dem Antlitz!

Beckmann: Weiter. Was ist mit meinem Vater. Erzählen Sie doch weiter. Es war gerade so spannend. Los, weiter, Frau Kramer, immer weiter!

Frau Kramer: Da ist nichts mehr zu erzählen. An die Luft gesetzt haben sie Ihren Papa, ohne Pension, versteht sich. Und dann sollten sie noch aus der Wohnung raus. Nur den Kochtopf durften sie behalten. Das war natürlich trübe. Und das hat den beiden Alten den Rest gegeben. Da konnten sie wohl nicht mehr. Und sie mochten auch nicht mehr. Na, da haben sie sich dann selbst endgültig entnazifiziert. Das war nun wieder konsequent von Ihrem Alten, das muß man ihm lassen.

Beckmann: Was haben sie? Sich selbst –

Frau Kramer *(mehr gutmütig als gemein):* Entnazifiziert. Das sagen wir so, wissen Sie. Das ist so ein Privatausdruck von uns. Ja, die alten Herrschaften von Ihnen hatten nicht mehr die rechte Lust. Einen Morgen lagen sie steif und blau in der Küche. So was Dummes, sagt mein Alter, von dem Gas hätten wir einen ganzen Monat kochen können.

Beckmann *(leise, aber furchtbar drohend):* Ich glaube, es ist gut, wenn Sie die Tür zumachen, ganz schnell. Ganz schnell! Und schließen Sie ab. Machen Sie ganz schnell Ihre Tür zu, sag ich Ihnen! Machen Sie! *(Die Tür kreischt, Frau Kramer schreit hysterisch, die Tür schlägt zu.)*

Beckmann *(leise):* Ich halt es nicht aus! Ich halt es nicht aus! Ich halt es nicht aus!

Der Andere: Doch, Beckmann, doch! Man hält das aus.

Beckmann: Nein! Ich will das alles nicht mehr aushalten! Geh weg! Du blödsinniger Jasager! Geh weg!

Der Andere: Nein, Beckmann. Deine Straße ist hier oben. Komm, bleib oben, Beckmann, deine Straße ist noch lang. Komm!

Beckmann: Du bist ein Schwein! – Aber man hält das wohl aus, o ja. Man hält das aus, auf dieser Straße, und geht weiter. Manchmal bleibt einem die Luft weg oder man möchte einen Mord begehen. Aber man atmet weiter, und der Mord geschieht nicht. Man schreit auch nicht mehr und man schluchzt nicht. Man hält es aus. Zwei Tote. Wer redet heute von zwei Toten!

Der Andere: Sei still, Beckmann. Komm!

Beckmann: Es ist natürlich ärgerlich, wenn es gerade deine Eltern sind, die beiden Toten. Aber zwei Tote, alte Leute?

Schade um das Gas! Davon hätte man einen ganzen Monat kochen können.

Der Andere: Hör nicht hin, Beckmann. Komm. Die Straße wartet.

Beckmann: Ja, hör nicht hin. Dabei hat man ein Herz, das schreit, ein Herz, das einen Mord begehen möchte. Ein armes Luder von Herz, das diese Traurigen, die um das Gas trauern, ermorden möchte! Ein Herz hat man, das will pennen, tief in der Elbe, verstehst du. Das Herz hat sich heiser geschrien, und keiner hat es gehört. Hier unten keiner. Und da oben keiner. Zwei alte Leute sind in die Gräberkolonie Ohlsdorf abgewandert. Gestern waren es vielleicht zweitausend, vorgestern vielleicht siebzigtausend. Morgen werden es viertausend oder sechs Millionen sein. Abgewandert in die Massengräber der Welt. Wer fragt danach? Keiner. Hier unten kein Menschenohr. Da oben kein Gottesohr. Gott schläft und wir leben weiter.

Der Andere: Beckmann! Beckmann! Hör nicht hin, Beckmann. Du siehst alles durch deine Gasmaskenbrille. Du siehst alles verbogen, Beckmann. Hör nicht hin, du. Früher gab es Zeiten, Beckmann, wo die Zeitungsleser abends in Kapstadt unter ihren grünen Lampenschirmen tief aufseufzten, wenn sie lasen, daß in Alaska zwei

Mädchen im Eis erfroren waren. Früher war es doch so, daß sie in Hamburg nicht einschlafen konnten, weil man in Boston ein Kind entführt hatte. Früher konnte es wohl vorkommen, daß sie in San Franzisko trauerten, wenn bei Paris ein Ballonfahrer abgestürzt war.

Beckmann: Früher, früher, früher! Wann war das? Vor zehntausend Jahren? Heute tun es nur noch Totenlisten mit sechs Nullen. Aber die Menschen seufzen nicht mehr unter ihren Lampen, sie schlafen ruhig und tief, wenn sie noch ein Bett haben. Sie sehen stumm und randvoll mit Leid aneinander vorbei: hohlwangig, hart, bitter, verkrümmt, einsam. Sie werden mit Zahlen gefüttert, die sie kaum aussprechen können, weil sie so lang sind. Und die Zahlen bedeuten –

Der Andere: Hör nicht hin, Beckmann.

Beckmann: Hör hin, hör hin, bis du umkommst! Die Zahlen sind so lang, daß man sie kaum aussprechen kann. Und die Zahlen bedeuten –

Der Andere: Hör nicht hin –

Beckmann: Hör hin! Sie bedeuten: Tote, Halbtote, Granatentote, Splittertote, Hungertote, Bombentote, Eissturmtote, Ozeantote, Verzweiflungstote, Verlorene, Verlaufene, Verschollene. Und diese Zahlen haben mehr Nullen, als wir Finger an der Hand haben!

Der Andere: Hör doch nicht hin, du. Die Straße wartet, Beckmann, komm!

Beckmann: Du, du! Wo geht sie hin, du? Wo sind wir? Sind wir noch hier? Ist dies noch die alte Erde? Ist uns kein Fell gewachsen, du? Wächst uns kein Schwanz, kein Raubtiergebiß, keine Kralle? Gehen wir noch auf zwei Beinen? Mensch, Mensch, was für eine Straße bist du? Wo gehst du hin? Antworte doch, du Anderer, du Jasager! Antworte doch, du ewiger Antworter!

Der Andere: Du verläufst dich, Beckmann, komm, bleib oben, deine Straße ist hier! Hör nicht hin. Die Straße geht auf und ab. Schrei nicht los, wenn sie abwärts geht und wenn es dunkel ist – die Straße geht weiter und überall gibt es Lampen: Sonne, Sterne, Frauen, Fenster, Laternen und offene Türen. Schrei nicht los, wenn du eine halbe Stunde im Nebel stehst, nachts, einsam. Du triffst immer wieder auf die andern. Komm, Junge, werd nicht müde! Hör nicht hin auf die sentimentale Klimperei des süßen Xylophonspielers, hör nicht hin.

Beckmann: Hör nicht hin? Ist das deine ganze Antwort? Millionen Tote, Halbtote, Verschollene – das ist alles gleich? Und du sagst: Hör nicht hin! Ich habe mich verlaufen? Ja, die Straße ist grau, grausam und abgründig. Aber wir sind draußen auf ihr unterwegs, wir humpeln, heulen und hungern auf ihr entlang, arm, kalt und müde! Aber die Elbe hat mich wieder ausgekotzt wie einen faulen Bissen. Die Elbe läßt mich nicht schlafen. Ich soll leben, sagst du! Dieses Leben leben? Dann sag mir auch: Wozu? Für wen? Für was?

Der Andere: Für dich! Für das Leben! Deine Straße wartet. Und hin und wieder kommen Laternen. Bist du so feige, daß du Angst hast vor der Finsternis zwischen zwei Laternen? Willst du nur Laternen haben? Komm, Beckmann, weiter, bis zur nächsten Laterne.

Beckmann: Ich habe Hunger, du. Mich friert, hörst du. Ich kann nicht mehr stehen, du, ich bin müde. Mach eine Tür auf, du. Ich habe Hunger! Die Straße ist finster, und alle Türen sind zu. – Halt deinen Mund, Jasager, schon deine Lunge für andere: Ich habe Heimweh! Nach meiner Mutter! Ich habe Hunger auf Schwarzbrot! Es brauchen keine Biskuits zu sein, nein, das ist nicht nötig. Meine Mutter hätte sicher'n Stück Schwarzbrot für mich gehabt – und warme Strümpfe. Und dann hätte ich mich satt und warm zu Herrn Oberst in den weichen Sessel gesetzt und Dostojewski gelesen. Oder Gorki. Das ist herrlich, wenn man satt und warm ist, vom Elend anderer Leute zu lesen und so recht mitleidig zu seufzen. Aber leider fallen mir dauernd die Augen zu. Ich bin hundehundemüde. Ich möchte gähnen können wie ein Hund – bis zum Kehlkopf gähnen. Und ich kann nicht mehr stehen. Ich bin müde, du. Und jetzt will ich nicht mehr. Ich kann nicht mehr, verstehst du? Keinen Millimeter. Keinen –

Der Andere: Beckmann, gib nicht nach. Komm, Beckmann, das Leben wartet, Beckmann, komm!

Beckmann: Ich will nicht Dostojewski lesen, ich habe selber Angst. Ich komme nicht. Nein. Ich bin müde. Nein, du, ich komme nicht. Ich will pennen. Hier vor meiner Tür. Ich setze mich vor meiner Tür auf die Treppe, du, und dann penn ich. Penn ich, penn ich, bis eines Tages die Mauern des Hauses anfangen zu knistern und vor Altersschwäche auseinander zu krümeln. Oder bis zur nächsten Mobilmachung. Ich bin müde wie eine ganze gähnende Welt!

Der Andere: Werd nicht müde, Beckmann. Komm. Lebe!

Beckmann: Dieses Leben? Nein, dieses Leben ist weniger als Nichts. Ich mach nicht mehr mit, du. Was sagst du? Vorwärts, Kameraden, das Stück wird selbstverständlich brav bis zu Ende gespielt. Wer weiß, in welcher finsteren Ecke wir liegen oder an welcher süßen Brust, wenn der Vorhang endlich, endlich fällt. Fünf graue verregnete Akte!

Der Andere: Mach mit. Das Leben ist lebendig, Beckmann. Sei mit lebendig!

Beckmann: Sei still. Das Leben ist so:

1. Akt: Grauer Himmel. Es wird einem wehgetan.

2. Akt: Grauer Himmel. Man tut wieder weh.

3. Akt: Es wird dunkel und es regnet.

4. Akt: Es ist noch dunkler. Man sieht eine Tür.

5. Akt: Es ist Nacht, tiefe Nacht, und die Tür ist zu. Man steht draußen. Draußen vor der Tür. An der Elbe steht man, an der Seine, an der Wolga, am Mississippi. Man steht da, spinnt, friert, hungert und ist verdammt müde. Und dann auf einmal plumpst es, und die Wellen machen niedliche kleine kreisrunde Kreise, und dann rauscht der Vorhang. Fische und Würmer spendieren einen lautlosen Beifall. – So ist das! Ist das viel mehr als Nichts? Ich – ich mach jedenfalls nicht mehr mit. Mein Gähnen ist groß wie die weite Welt!

Der Andere: Schlaf nicht ein, Beckmann! Du mußt weiter.

Beckmann: Was sagst du? Du sprichst ja auf einmal so leise.

Der andere: Steh auf, Beckmann, die Straße wartet.

Beckmann: Die Straße wird wohl auf meinen müden Schritt verzichten müssen. Warum bist du denn so weit weg? Ich kann dich gar nicht mehr – kaum noch – ver-stehen – – – *(Er gähnt.)*

Der andere: Beckmann! Beckmann!

Beckmann: Hm – *(Er schläft ein.)*

Der andere: Beckmann, du schläfst ja!

Beckmann *(im Schlaf)*: Ja, ich schlafe.

Der andere: Wach auf, Beckmann, du mußt leben!

Beckmann: Nein, ich denke gar nicht daran, aufzuwachen. Ich träume gerade. Ich träume einen wunderschönen Traum.

Der andere: Träum nicht weiter, Beckmann, du mußt leben.

Beckmann: Leben? Ach wo, ich träume doch gerade, daß ich sterbe.

Der andere: Steh auf, sag ich! Lebe!

Beckmann: Nein. Aufstehen mag ich nicht mehr. Ich träume doch gerade so schön. Ich liege auf der Straße und sterbe. Die Lunge macht nicht mehr mit, das Herz macht nicht mehr mit und die Beine nicht. Der ganze Beckmann macht nicht mehr mit, hörst du? Glatte Befehlsverweigerung. Unteroffizier Beckmann macht nicht mehr mit. Toll, was?

Der andere: Komm, Beckmann, du mußt weiter.

Beckmann: Weiter? Abwärts, meinst du, weiter abwärts! A bas, sagt der Franzose. Es ist so schön, zu sterben, du, das hab ich nicht gedacht. Ich glaube, der Tod muß ganz erträglich sein. Es ist doch noch keiner wieder zurückgekommen, weil er den Tod nicht aushalten konnte. Vielleicht ist er ganz nett, der Tod, vielleicht viel netter als das Leben. Vielleicht – – – Ich glaube sogar, ich bin schon im Himmel. Ich fühl mich gar nicht mehr – und das ist, wie im Himmel sein, sich nicht mehr fühlen. Und da kommt auch ein alter Mann, der sieht aus wie der liebe Gott. Ja, beinahe wie der liebe Gott. Nur etwas zu theologisch. Und so weinerlich. Ob das der liebe Gott ist? Guten Tag, alter Mann. Bist du der liebe Gott?

Gott *(weinerlich)*: Ich bin der liebe Gott, mein Junge, mein armer Junge!

Beckmann: Ach, du bist also der liebe Gott. Wer hat dich eigentlich so genannt, lieber Gott? Die Menschen? Ja? Oder du selbst?

Gott: Die Menschen nennen mich den lieben Gott.

Beckmann: Seltsam, ja, das müssen ganz seltsame Menschen sein, die dich so nennen. Das sind wohl die Zufriedenen, die Satten, die Glücklichen, und die, die Angst vor dir haben. Die im Sonnenschein gehen, verliebt oder satt oder zufrieden – oder die es nachts mit der Angst kriegen, die sagen: Lieber Gott! Lieber Gott! Aber ich sage nicht Lieber Gott, du, ich kenne keinen, der ein lieber Gott ist, du!

Gott: Mein Kind, mein armes –

Beckmann: Wann bist du eigentlich lieb, lieber Gott? Warst du lieb, als du meinen Jungen, der gerade ein Jahr alt war, als du meinen kleinen Jungen von einer brüllenden Bombe zerreißen ließt? Warst du da lieb, als du ihn ermorden ließt, lieber Gott, ja?

Gott: Ich hab ihn nicht ermorden lassen.

Beckmann: Nein, richtig. Du hast es nur zugelassen. Du hast nicht hingehört, als er schrie und als die Bomben brüllten. Wo warst du da eigentlich, als die Bomben brüllten, lieber Gott? Oder warst du lieb, als von meinem Spähtrupp elf Mann fehlten? Elf Mann zu wenig, lieber Gott, und du warst gar nicht da, lieber Gott. Die elf Mann haben gewiß laut geschrien in dem einsamen Wald, aber du warst nicht da, einfach nicht da, lieber Gott. Warst du in Stalingrad lieb, lieber Gott, warst du da lieb, wie? Ja? Wann warst du denn eigentlich lieb, Gott, wann? Wann hast du dich jemals um uns gekümmert, Gott?

Gott: Keiner glaubt mehr an mich. Du nicht, keiner. Ich bin der Gott, an den keiner mehr glaubt. Und um den sich keiner mehr kümmert. Ihr kümmert euch nicht um mich.

Beckmann: Hat auch Gott Theologie studiert? Wer kümmert sich um wen? Ach, du bist alt, Gott, du bist unmodern, du kommst mit unsern langen Listen von Toten und Ängsten nicht mehr mit. Wir kennen dich nicht mehr so recht, du bist ein Märchenbuchliebergott. Heute brauchen wir einen neuen. Weißt du, einen für unsere Angst und Not. Einen ganz neuen. Oh, wir haben dich gesucht, Gott, in jeder Ruine, in jedem Granattrichter, in jeder Nacht. Wir haben dich gerufen. Gott! Wir haben nach dir gebrüllt, geweint, geflucht! Wo warst du da, lieber Gott? Wo bist du heute abend? Hast du dich von uns gewandt? Hast du dich ganz in deine schönen alten Kirchen eingemauert, Gott? Hörst du unser Geschrei nicht durch die zerklirrten Fenster, Gott? Wo bist du?

Gott: Meine Kinder haben sich von mir gewandt, nicht ich von ihnen. Ihr von mir, ihr von mir. Ich bin der Gott, an den keiner mehr glaubt. Ihr habt euch von mir gewandt.

Beckmann: Geh weg, alter Mann. Du verdirbst mir meinen Tod. Geh weg, ich sehe, du bist nur ein weinerlicher Theologe. Du drehst die Sätze um: Wer kümmert sich um wen? Wer hat sich von wem gewandt? Ihr von mir? Wir von dir? Du bist tot, Gott. Sei lebendig, sei mit uns lebendig, nachts, wenn es kalt ist, einsam und wenn der Magen knurrt in der Stille – dann sei mit uns lebendig,

Gott. Ach, geh weg, du bist ein tintenblütiger Theologe, geh weg, du bist weinerlich, alter alter Mann!

Gott: Mein Junge, mein armer Junge! Ich kann es nicht ändern! Ich kann es doch nicht ändern!

Beckmann: Ja, das ist es, Gott. Du kannst es nicht ändern. Wir fürchten dich nicht mehr. Wir lieben nicht mehr. Und du bist unmodern. Die Theologen haben dich alt werden lassen. Deine Hosen sind zerfranst, deine Sohlen durchlöchert, und deine Stimme ist leise geworden – zu leise für den Donner unserer Zeit. Wir können dich nicht mehr hören.

Gott: Nein, keiner hört mich, keiner mehr. Ihr seid zu laut!

Beckmann: Oder bist du zu leise, Gott? Hast du zuviel Tinte im Blut, Gott, zuviel dünne Theologentinte? Geh, alter Mann, sie haben dich in den Kirchen eingemauert, wir hören einander nicht mehr. Geh, aber sieh zu, daß du vor Anbruch der restlosen Finsternis irgendwo ein Loch oder einen neuen Anzug findest oder einen dunklen Wald, sonst schieben sie dir nachher alles in die Schuhe, wenn es schief gegangen ist. Und fall nicht im Dunkeln, alter Mann, der Weg ist sehr abschüssig und liegt voller Gerippe. Halt dir die Nase zu, Gott. Und dann schlaf auch gut, alter Mann, schlaf weiter so gut. Gute Nacht!

Gott: Einen neuen Anzug oder einen dunklen Wald? Meine armen, armen Kinder! Mein lieber Junge –

Beckmann: Ja, geh, gute Nacht!

Gott: Meine armen, armen – *(er geht ab.)*

Beckmann: Die alten Leute haben es heute am schwersten, die sich nicht mehr auf die neuen Verhältnisse umstellen können. Wir stehen alle draußen. Auch Gott steht draußen, und keiner macht ihm mehr eine Tür auf. Nur der Tod, der Tod hat zuletzt doch eine Tür für uns. Und dahin bin ich unterwegs.

Der Andere: Du mußt nicht auf die Tür warten, die der Tod uns aufmacht. Das Leben hat tausend Türen. Wer verspricht dir, daß hinter der Tür des Todes mehr ist als nichts?

Beckmann: Und was ist hinter den Türen, die das Leben uns aufmacht?

Der Andere: Das Leben! Das Leben selbst! Komm, du mußt weiter.

Beckmann: Ich kann nicht mehr. Hörst du nicht, wie meine Lungen rasseln: Kchch – Kchch – Kchch. Ich kann nicht mehr.

Der Andere: Du kannst. Deine Lungen rasseln nicht.

Beckmann: Meine Lungen rasseln. Was soll denn sonst so rasseln? Hör doch: Kchch – Kchch – Kchch – Was denn sonst?

Der Andere: Ein Straßenfegerbesen! Da, da kommt ein Straßenfeger. Kommt da an uns vorbei, und sein Besen kratzt wie eine Asthmalunge über das Pflaster. Deine Lunge rasselt nicht. Hörst du? Das ist der Besen. Hör doch: Kchch – Kchch – Kchch.

Beckmann: Der Straßenfegerbesen macht Kchch – Kchch wie die Lunge eines, der verröchelt. Und der Straßenfeger hat rote Streifen an den Hosen. Es ist ein Generalstraßenfeger. Ein deutscher Generalstraßenfeger. Und wenn der fegt, dann machen die rasselnden Sterbelungen: Kchch – Kchch – Kchch. Straßenfeger!

Straßenfeger: Ich bin kein Straßenfeger.

Beckmann: Du bist kein Straßenfeger? Was bist du denn?

Straßenfeger: Ich bin ein Angestellter des Beerdigungsinstitutes Abfall und Verwesung.

Beckmann: Du bist der Tod! Und du gehst als Straßenfeger?

Straßenfeger: Heute als Straßenfeger. Gestern als General. Der Tod darf nicht wählerisch sein. Tote gibt es überall. Und heute liegen sie sogar auf der Straße. Gestern lagen sie auf dem Schlachtfeld – da war der Tod General und die

Begleitmusik spielte Xylophon. Heute liegen sie auf der Straße, und der Besen des Todes macht Kchch – Kchch.

Beckmann: Und der Besen des Todes macht Kchch – Kchch. Vom General zum Straßenfeger. Sind die Toten so im Kurs gesunken?

Straßenfeger: Sie sinken. Sie sinken. Kein Salut. Kein Sterbegeläut. Keine Grabrede. Kein Kriegerdenkmal. Sie sinken. Und der Besen macht Kchch – Kchch.

Beckmann: Mußt du schon weiter? Bleib doch hier. Nimm mich mit. Tod, Tod – du vergißt mich ja – Tod!

Straßenfeger: Ich vergesse keinen. Mein Xylophon spielt Alte Kameraden, und mein Besen macht Kchch – Kchch – Kchch. Ich vergesse keinen.

Beckmann: Tod, Tod, laß mir die Tür offen. Tod, mach die Tür nicht zu. Tod –

Straßenfeger: Meine Tür steht immer offen. Immer. Morgens. Nachmittags. Nachts. Im Licht und im Nebel. Immer ist meine Tür offen. Immer. Überall. Und mein Besen macht Kchch – Kchch. *(Das Kchch – Kchch wird immer leiser, der Tod geht ab.)*

Beckmann: Kchch – Kchch. Hörst du, wie meine Lunge rasselt? Wie der Besen eines Straßenfegers. Und der Straßenfeger läßt die Tür weit offen. Und der Straßenfeger heißt Tod. Und sein Besen macht wie meine Lunge, wie eine alte heisere Uhr: Kchch – Kchch ...

Der Andere: Beckmann, steh auf, noch ist es Zeit. Komm, atme, atme dich gesund.

Beckmann: Aber meine Lunge macht doch schon –

Der Andere: Deine Lunge macht das nicht. Das war der Besen, Beckmann, von einem Staatsbeamten.

Beckmann: Von einem Staatsbeamten?

Der Andere: Ja, der ist längst vorbei. Komm, steh wieder auf, atme. Das Leben wartet mit tausend Laternen und tausend offenen Türen.

Beckmann: Eine Tür, eine genügt. Und die läßt er offen, hat er gesagt, für mich, für immer, jederzeit. Eine Tür.

Der Andere: Steh auf, du träumst einen tödlichen Traum. Du stirbst an dem Traum. Steh auf.

Beckmann: Nein, ich bleibe liegen. Hier vor der Tür. Und die Tür steht offen – hat er gesagt. Hier bleib ich liegen. Aufstehen soll ich? Nein, ich träume doch gerade so schön, du. Einen ganz wunderschönen schönen Traum. Ich träume, träume, daß alles aus ist. Ein Straßenfeger kam vorbei und der nannte sich Tod. Und sein Besen kratzte wie meine Lunge. Tödlich. Und der hat mir eine Tür versprochen, eine offene Tür. Straßenfeger können nette Leute sein. Nett wie der Tod. Und so ein Straßenfeger ging an mir vorbei.

Der Andere: Du träumst, Beckmann, du träumst einen bösen Traum. Wach auf, lebe!

Beckmann: Leben? Ich liege doch auf der Straße und alles, alles, du, alles ist aus. Ich jedenfalls bin tot. Alles ist aus und ich bin tot, schön tot.

Der Andere: Beckmann, Beckmann, du mußt leben. Alles lebt. Neben dir. Links, rechts, vor dir: die andern. Und du? Wo bist du? Lebe, Beckmann, alles lebt!

Beckmann: Die andern? Wer ist das? Der Oberst? Der Direktor? Frau Kramer? Leben mit ihnen? Oh, ich bin so schön tot. Die andern sind weit weg, und ich will sie nie wiedersehen. Die andern sind Mörder.

Der Andere: Beckmann, du lügst.

Beckmann: Ich lüge? Sind sie nicht schlecht? Sind sie gut?

Der Andere: Du kennst die Menschen nicht. Sie sind gut.

Beckmann: Oh, sie sind gut. Und in aller Güte haben sie mich umgebracht. Totgelacht. Vor die Tür gesetzt. Davongejagt. In aller Menschengüte. Sie sind stur bis tief in ihre Träume hinein. Bis in den tiefsten Schlaf stur. Und sie gehen an meiner Leiche vorbei – stur bis in den Schlaf.

Sie lachen und kauen und singen und schlafen und verdauen an meiner Leiche vorbei. Mein Tod ist nichts.

Der Andere: Du lügst, Beckmann!

Beckmann: Doch, Jasager, die Leute gehen an meiner Leiche vorbei. Leichen sind langweilig und unangenehm.

Der Andere: Die Menschen gehen nicht an deinem Tod vorbei, Beckmann. Die Menschen haben ein Herz. Die Menschen trauern um deinen Tod, Beckmann, und deine Leiche liegt ihnen nachts noch lange im Wege, wenn sie einschlafen wollen. Sie gehen nicht vorbei.

Beckmann: Doch, Jasager, das tun sie. Leichen sind häßlich und unangenehm. Sie gehen einfach und schnell vorbei und halten die Nase und Augen zu.

Der Andere: Das tun sie nicht! Ihr Herz zieht sich zusammen bei jedem Toten!

Beckmann: Paß auf, siehst du, da kommt schon einer. Kennst du ihn noch? Es ist der Oberst, der mich mit seinem alten Anzug zum neuen Menschen machen wollte.

Herr Oberst! Herr Oberst!

Oberst: Donnerwetter, gibt es denn schon wieder Bettler? Ist ja ganz wie früher.

Beckmann: Eben, Herr Oberst, eben. Es ist alles ganz wie früher. Sogar die Bettler kommen aus denselben Kreisen. Aber ich bin gar kein Bettler, Herr Oberst, nein. Ich bin eine Wasserleiche. Ich bin desertiert, Herr Oberst. Ich war ein ganz müder Soldat, Herr Oberst. Ich hieß gestern Unteroffizier Beckmann, Herr Oberst, erinnern Sie noch? Beckmann. Ich war 'n bißchen weich, nicht wahr, Herr Oberst, Sie erinnern? Ja, und morgen abend werde ich dumm und stumm und aufgedunsen an den Strand von Blankenese treiben. Gräßlich, wie, Herr Oberst? Und Sie haben mich auf Ihrem Konto, Herr Oberst. Gräßlich, wie? Zweitausendundelf plus Beckmann, macht Zweitausendundzwölf. Zweitausendundzwölf nächtliche Gespenster, Uha!

Oberst: Ich kenne Sie doch gar nicht, Mann. Nie von einem Beckmann gehört. Was hatten Sie denn für'n Dienstgrad?

Beckmann: Aber Herr Oberst! Herr Oberst werden sich doch noch an seinen letzten Mord erinnern! Der mit der Gasmaskenbrille und der Sträflingsfrisur und dem steifen Bein! Unteroffizier Beckmann, Herr Oberst.

Oberst: Richtig! Der! Sehen Sie, diese unteren Dienstgrade sind durch die Bank doch alle verdächtig. Torfköppe, Räsoneure, Pazifisten, Wasserleichenaspiranten. Sie haben sich ersoffen? Ja, war'n einer von denen, die ein bißchen verwildert sind im Krieg, 'n bißchen entmenschlicht, ohne jegliche soldatische Tugend. Unschöner Anblick, so was.

Beckmann: Ja, nicht wahr, Herr Oberst, unschöner Anblick, diese vielen dicken weißen weichen Wasserleichen heutzutage. Und Sie sind der Mörder, Herr Oberst, Sie! Halten Sie das eigentlich aus, Herr Oberst, Mörder zu sein? Wie fühlen Sie sich so als Mörder, Herr Oberst?

Oberst: Wieso? Bitte? Ich?

Beckmann: Doch, Herr Oberst, Sie haben mich in den Tod gelacht. Ihr Lachen war grauenhafter als alle Tode der Welt, Herr Oberst. Sie haben mich totgelacht, Herr Oberst!

Oberst *(völlig verständnislos):* So? Na ja. War'n einer von denen, die sowieso vor die Hunde gegangen wären. Na, guten Abend!

Beckmann: Angenehme Nachtruhe, Herr Oberst! Und vielen Dank für den Nachruf! Hast du gehört, Jasager, Menschenfreund! Nachruf auf einen ertrunkenen Soldaten. Epilog eines Menschen für einen Menschen.

Der Andere: Du träumst, Beckmann, du träumst. Die Menschen sind gut!

Beckmann: Du bist ja so heiser, du optimistischer Tenor! Hat es dir die Stimme verschlagen? Oh ja, die Menschen sind gut. Aber manchmal gibt es Tage, da trifft man andauernd die paar schlechten, die es gibt. Aber so schlimm sind die Menschen nicht. Ich träume ja nur. Ich will nicht ungerecht sein. Die Menschen sind gut. Nur sind sie so furchtbar verschieden, das ist es, so unbegreiflich verschieden. Der eine Mensch ist ein Oberst, während der andere eben nur ein niederer Dienstgrad ist. Der Oberst ist satt, gesund und hat eine wollene Unterhose an. Abends hat er ein Bett und eine Frau.

Der Andere: Beckmann, träume nicht weiter! Steh auf! Lebe! Du träumst alles schief.

Beckmann: Und der andere, der hungert, der humpelt und hat nicht mal ein Hemd. Abends hat er einen alten Liegestuhl als Bett und das Pfeifen der asthmatischen Ratten ersetzt ihm in seinem Keller das Geflüster seiner Frau. Nein, die Menschen sind gut. Nur verschieden sind sie, ganz außerordentlich voneinander verschieden.

Der Andere: Die Menschen sind gut. Sie sind nur so ahnungslos. Immer sind sie ahnungslos. Aber ihr Herz. Sieh in ihr Herz – ihr Herz ist gut. Nur das Leben läßt es nicht zu, daß sie ihr Herz zeigen. Glaube doch, im Grunde sind sie alle gut.

Beckmann: Natürlich. Im Grunde. Aber der Grund ist meistens so tief, du. So unbegreiflich tief. Ja, im Grunde sind sie gut – nur verschieden eben. Einer ist weiß und der andere grau. Einer hat 'ne Unterhose, der andere nicht. Und der graue ohne Unterhose, das bin ich. Pech gehabt, Wasserleiche Beckmann, Unteroffizier a. D., Mitmensch a. D.

Der Andere: Du träumst, Beckmann, steh auf. Lebe! Komm, sieh, die Menschen sind gut.

Beckmann: Und sie gehen an meiner Leiche vorbei und kauen und lachen und spucken und verdauen. So gehen sie an meinem Tod vorbei, die guten Guten.

Der Andere: Wach auf, Träumer! Du träumst einen schlechten Traum, Beckmann. Wach auf!

Beckmann: Oh ja, ich träume einen schaurig schlechten Traum. Da, da kommt der Direktor von dem Kabarett. Soll ich mit ihm ein Interview machen, Antworter?

Der Andere: Komm, Beckmann! Lebe! Die Straße ist voller Laternen. Alles lebt! Lebe mit!

Beckmann: Soll ich mitleben? Mit wem? Mit dem Obersten? Nein!

Der Andere: Mit den andern, Beckmann. Lebe mit den andern.

Beckmann: Auch mit dem Direktor?

Der Andere: Auch mit ihm. Mit allen.

Beckmann: Gut. Auch mit dem Direktor. Hallo, Herr Direktor!

Direktor: Wie? Ja? Was ist?

Beckmann: Kennen Sie mich?

Direktor: Nein – doch, warten Sie mal. Gasmaskenbrille, Russenfrisur, Soldatenmantel. Ja, der Anfänger mit dem Ehebruchchanson! Wie hießen Sie denn gleich?

Beckmann: Beckmann.

Direktor: Richtig. Na, und?

Beckmann: Sie haben mich ermordet, Herr Direktor.

Direktor: Aber, mein Lieber –

Beckmann: Doch. Weil Sie feige waren. Weil Sie die Wahrheit verraten haben. Sie haben mich in die nasse Elbe getrieben, weil Sie dem Anfänger keine Chance gaben, anzufangen. Ich wollte arbeiten. Ich hatte Hunger. Aber Ihre Tür ging hinter mir zu. Sie haben mich in die Elbe gejagt, Herr Direktor.

Direktor: Müssen ja ein sensibler Knabe gewesen sein. Laufen in die Elbe, in die nasse...

Beckmann: In die nasse Elbe, Herr Direktor. Und da habe ich mich mit Elbwasser vollaufen lassen, bis ich satt war.

Einmal satt, Herr Direktor, und dafür tot. Tragisch, was? War das nicht ein Schlager für Ihre Revue? Chanson der Zeit: Einmal satt und dafür tot!

Direktor *(sentimental, aber doch sehr oberflächlich):* Das ist ja schaurig! Sie waren einer von denen, die ein bißchen sensibel sind. Unangebracht heute, durchaus fehl am Platz. Sie waren ganz wild auf die Wahrheit versessen, Sie kleiner Fanatiker! Hätten mir das ganze Publikum kopfscheu gemacht mit Ihrem Gesang.

Beckmann: Und da haben Sie mir die Tür zugeschlagen, Herr Direktor. Und da unten lag die Elbe.

Direktor *(wie oben):* Die Elbe, ja. Ersoffen. Aus. Arme Sau. Vom Leben überfahren. Erdrückt und breitgewalzt. Einmal satt und dafür tot. Ja, wenn wir alle so empfindlich sein wollten!

Beckmann: Aber das sind wir ja nicht, Herr Direktor. So empfindlich sind wir ja nicht ...

Direktor *(wie oben):* Weiß Gott nicht, nein. Sie waren eben einer von denen, von den Millionen, die nun mal humpelnd durchs Leben müssen und froh sind, wenn sie fallen. In die Elbe, in die Spree, in die Themse – wohin, ist egal. Eher haben sie doch keine Ruhe.

Beckmann: Und Sie haben mir den Fußtritt gegeben, damit ich fallen konnte.

Direktor: Unsinn! Wer sagt denn das? Sie waren prädestiniert für tragische Rollen. Aber der Stoff ist toll! Ballade eines Anfängers: Die Wasserleiche mit der Gasmaskenbrille! Schade, daß das Publikum so was nicht sehen will. Schade ... *(ab.)*

Beckmann: Angenehme Nachtruhe, Herr Direktor! Hast du das gehört? Soll ich weiterleben mit dem Herrn Oberst? Und weiterleben mit dem Herrn Direktor?

Der andere: Du träumst, Beckmann, wach auf.

Beckmann: Träum ich? Seh ich alles verzerrt durch diese elende Gasmaskenbrille? Sind alles Marionetten? Groteske, karikierte Menschenmarionetten? Hast du den Nachruf gehört, den mein Mörder mir gewidmet hat? Epilog auf einen Anfänger: Auch einer von denen – du, Anderer! Soll ich leben bleiben? Soll ich weiterhumpeln auf der Straße? Neben den anderen? Sie haben alle dieselben gleichen gleichgültigen entsetzlichen Visagen. Und sie reden alle so unendlich viel, und wenn man dann um ein einziges Ja bittet, sind sie stumm und dumm, wie – ja, eben wie die Menschen. Und feige sind sie. Sie haben uns verraten. So furchtbar verraten. Wie wir noch ganz klein waren, da haben sie Krieg gemacht. Und als wir größer waren, da haben sie vom Krieg erzählt. Begeistert. Immer waren sie begeistert. Und als wir dann noch größer waren, da haben sie sich auch für uns einen Krieg ausgedacht. Und da haben sie uns dann hingeschickt. Und sie waren begeistert. Immer waren sie begeistert. Und keiner hat uns gesagt, wo wir hingingen. Keiner hat uns gesagt, ihr geht in die Hölle. Oh nein, keiner. Sie haben Marschmusik gemacht und Langemarckfeiern. Und Kriegsgerichte und Aufmarschpläne. Und Heldengesänge und Blutorden. So begeistert waren sie. Und dann war der Krieg endlich da. Und dann haben sie uns hingeschickt. Und sie haben uns nichts gesagt. Nur – Macht's gut, Jungens! haben sie gesagt. Macht's gut, Jungens! So haben sie uns verraten. So furchtbar verraten. Und jetzt sitzen sie hinter ihren Türen. Herr Studienrat, Herr Direktor, Herr Gerichtsrat, Herr Oberarzt. Jetzt hat uns keiner hingeschickt. Nein, keiner. Alle sitzen sie jetzt hinter ihren Türen. Und ihre Tür haben sie fest zu. Und wir stehen draußen. Und von ihren Kathedern und von ihren Sesseln zeigen sie mit dem Finger auf uns. So haben sie uns verraten. So furchtbar verraten. Und jetzt gehen sie an ihrem Mord vorbei, einfach vorbei. Sie gehn an ihrem Mord vorbei.

Der Andere: Sie gehn nicht vorbei, Beckmann. Du übertreibst. Du träumst. Sieh auf das Herz, Beckmann. Sie haben ein Herz! Sie sind gut!

Beckmann: Aber Frau Kramer geht an meiner Leiche vorbei.

Der Andere: Nein! Auch sie hat ein Herz!

Beckmann: Frau Kramer!

Frau Kramer: Ja?

Beckmann: Haben Sie ein Herz, Frau Kramer? Wo hatten Sie Ihr Herz, Frau Kramer, als Sie mich ermordeten? Doch, Frau Kramer, Sie haben den Sohn von den alten Beckmanns ermordet. Haben Sie nicht auch seine Eltern mit erledigt, wie? Na, ehrlich, Frau Kramer, so ein bißchen nachgeholfen, ja? Ein wenig das Leben sauer gemacht, nicht wahr? Und dann den Sohn in die Elbe gejagt – aber Ihr Herz, Frau Kramer, was sagt Ihr Herz?

Frau Kramer: Sie mit der ulkigen Brille sind in die Elbe gemacht? Daß ich mir das nicht gedacht hab. Kamen mir gleich so melancholisch vor, Kleiner. Macht sich in die Elbe! Armer Bengel! Nein aber auch!

Beckmann: Ja, weil Sie mir so herzlich und innig taktvoll das Ableben meiner Eltern vermittelten. Ihre Tür war die letzte. Und Sie ließen mich draußen stehn. Und ich hatte tausend Tage, tausend sibirische Nächte auf diese Tür gehofft. Sie haben einen kleinen Mord nebenbei begangen, nicht wahr?

Frau Kramer *(robust, um nicht zu heulen):* Es gibt eben Figuren, die haben egal Pech. Sie waren einer von denen. Sibirien. Gashahn. Ohlsdorf. War wohl 'n bißchen happig. Geht mir ans Herz, aber wo kommt man hin, wenn man alle Leute beweinen wollte! Sie sahen gleich so finster aus, Junge. So ein Bengel! Aber das darf uns nicht kratzen, sonst wird uns noch das bißchen Margarine schlecht, das man auf Brot hat. Macht einfach davon ins Gewässer. Ja, man erlebt was! Jeden Tag macht sich einer davon.

Beckmann: Ja, ja, leben Sie wohl, Frau Kramer! Hast du gehört, Anderer? Nachruf einer alten Frau mit Herz auf einen jungen Mann. Hast du gehört, schweigsamer Antworter?

Der Andere: Wach – auf – Beckmann –

Beckmann: Du sprichst ja plötzlich so leise. Du stehst ja plötzlich so weit ab.

Der Andere: Du träumst einen tödlichen Traum, Beckmann. Wach auf! Lebe! Nimm dich nicht so wichtig. Jeden Tag wird gestorben. Soll die Ewigkeit voll Trauergeschrei sein? Lebe! Iß dein Margarinebrot, lebe! Das Leben hat tausend Zipfel. Greif zu! Steh auf!

Beckmann: Ja, ich stehe auf. Denn da kommt meine Frau. Meine Frau ist gut. Nein, sie bringt ihren Freund mit. Aber sie war früher doch gut. Warum bin ich auch drei Jahre in Sibirien geblieben? Sie hat drei Jahre gewartet, das weiß ich, denn sie war immer gut zu mir. Die Schuld habe ich. Aber sie war gut. Ob sie heute noch gut ist?

Der Andere: Versuch es! Lebe!

Beckmann: Du! Erschrick nicht, ich bin es. Sieh mich doch an! Dein Mann. Beckmann, ich. Du, ich hab mir das Leben genommen, Frau. Das hättest du nicht tun sollen, du, das mit dem andern. Ich hatte doch nur dich! Du hörst mich ja gar nicht! Du! Ich weiß, du hast zu lange warten müssen. Aber sei nicht traurig, mir geht es jetzt gut. Ich bin tot. Ohne dich wollte ich nicht mehr! Du! Sieh mich doch an! Du! *(Die Frau geht in enger Umarmung mit ihrem Freund langsam vorbei, ohne Beckmann zu hören.)*

Du! Du warst doch meine Frau! Sieh mich doch an, du hast mich doch umgebracht, dann kannst du mich doch noch mal ansehen! Du, du hörst mich ja gar nicht! Du hast mich doch ermordet, du – und jetzt gehst du einfach vorbei? Du, warum hörst du mich denn nicht? *(Die Frau ist mit dem Freund vorbeigegangen.)* Sie hat mich nicht gehört. Sie kennt mich schon nicht mehr. Bin ich schon so lange tot? Sie hat mich vergessen und ich bin erst einen Tag tot.

So gut, oh, so gut sind die Menschen! Und du? Jasager, Hurraschreier, Antworter?! Du sagst ja nichts! Du stehst ja so weit ab. Soll ich weiter leben? Deswegen bin ich von Sibirien gekommen! Und du, du sagst, ich soll leben! Alle Türen links und rechts der Straße sind zu. Alle Laternen sind ausgegangen, alle. Und man kommt nur vorwärts, weil man fällt! Und du sagst, ich soll weiter fallen? Hast du nicht noch einen Fall für mich, den ich tun kann? Geh nicht so weit weg, Schweigsamer du, hast du noch eine Laterne für mich in der Finsternis? Rede, du weißt doch sonst immer so viel!!

Der Andere: Da kommt das Mädchen, das dich aus der Elbe gezogen hat, das dich gewärmt hat. Das Mädchen, Beckmann, das deinen dummen Kopf küssen wollte. Sie geht nicht an deinem Tod vorbei. Sie hat dich überall gesucht.

Beckmann: Nein! Sie hat mich nicht gesucht! Kein Mensch hat mich gesucht! Ich will nicht immer wieder daran glauben. Ich kann nicht mehr fallen, hörst du! Mich sucht kein Mensch!

Der Andere: Das Mädchen hat dich überall gesucht!

Beckmann: Jasager, du quälst mich! Geh weg!

Mädchen *(ohne ihn zu sehen):* Fisch! Fisch! Wo bist du? Kleiner kalter Fisch!

Beckmann: Ich? Ich bin tot.

Mädchen: Oh, du bist tot? Und ich suche dich auf der ganzen Welt!

Beckmann: Warum suchst du mich?

Mädchen: Warum? Weil ich dich liebe, armes Gespenst! Und nun bist du tot? Ich hätte dich so gerne geküßt, kalter Fisch!

Beckmann: Stehn wir nur auf und gehn weiter, weil die Mädchen nach uns rufen? Mädchen?

Mädchen: Ja, Fisch?

Beckmann: Wenn ich nun nicht tot wäre?

Mädchen: Oh, dann würden wir zusammen nach Hause gehen, zu mir. Ja, sei wieder lebendig, kleiner kalter Fisch! Für mich. Mit mir. Komm, wir wollen zusammen lebendig sein.

Beckmann: Soll ich leben? Hast du mich wirklich gesucht?

Mädchen: Immerzu. Dich! Und nur dich. Die ganze Zeit über dich. Ach, warum bist du tot, armes graues Gespenst? Willst du nicht mit mir lebendig sein?

Beckmann: Ja, ja, ja. Ich komme mit. Ich will mit dir lebendig sein!

Mädchen: Oh, mein Fisch!

Beckmann: Ich steh auf. Du bist die Lampe, die für mich brennt. Für mich ganz allein. Und wir wollen zusammen lebendig sein, Und wir wollen ganz dicht nebeneinander gehen auf der dunklen Straße. Komm, wir wollen miteinander lebendig sein und ganz dicht sein – –

Mädchen: Ja, ich brenne für dich ganz allein auf der dunklen Straße.

Beckmann: Du brennst, sagst du? Was ist denn das? Aber es wird ja alles ganz dunkel! Wo bist du denn?

(Man hört ganz weit ab das Teck-Tock des Einbeinigen.)

Mädchen: Hörst du? Der Totenwurm klopft – ich muß weg, Fisch, ich muß weg, armes kaltes Gespenst.

Beckmann: Wo willst du denn hin? Bleib hier! Es ist ja auf einmal alles so dunkel! Lampe, kleine Lampe! Leuchte! Wer klopft da? Da klopft doch einer! Teck – tock – teck – tock! Wer hat denn noch so geklopft? Da – Teck – tock – teck tock! Immer lauter! Immer näher! Teck – tock – teck – tock! *(schreit)* Da! *(flüstert)* Der Riese, der einbeinige Riese mit seinen beiden Krücken. Teck – tock – er kommt näher! Teck – tock – er kommt auf mich zu! Teck – tock – teck – tock!!! *(schreit.)*

Der Einbeinige *(ganz sachlich und abgeklärt):* Beckmann?

Beckmann *(leise):* Hier bin ich.

Der Einbeinige *(ganz sachlich und abgeklärt)*: Beckmann? Mord begangen, Beckmann. Und du lebst immer noch.

Beckmann: Ich habe keinen Mord begangen!

Der Einbeinige: Doch, Beckmann. Wir werden jeden Tag ermordet und jeden Tag begehen wir einen Mord. Wir gehen jeden Tag an einem Mord vorbei. Und du hast mich ermordet, Beckmann. Hast du das schon vergessen? Ich war doch drei Jahre in Sibirien, Beckmann, und gestern abend wollte ich nach Hause. Aber mein Platz war besetzt – du warst da, Beckmann, auf meinem Platz. Da bin ich in die Elbe gegangen, Beckmann, gleich gestern abend. Wo sollte ich auch anders hin, nicht, Beckmann? Du, die Elbe war kalt und naß. Aber nun habe ich mich schon gewöhnt, nun bin ich ja tot. Daß du das so schnell vergessen konntest, Beckmann. Einen Mord vergißt man doch nicht so schnell. Der muß einem doch nachlaufen, Beckmann. Ja, ich habe einen Fehler gemacht, du. Ich hätte nicht nach Hause kommen dürfen. Zu Hause war kein Platz mehr für mich, Beckmann, denn da warst du. Ich klage dich nicht an, Beckmann, wir morden ja alle, jeden Tag, jede Nacht. Aber wir wollen doch unsere Opfer nicht so schnell vergessen. Wir wollen doch an unseren Morden nicht vorbeigehen. Ja, Beckmann, du hast mir meinen Platz weggenommen. Auf meinem Sofa, bei meiner Frau, bei meiner meiner Frau, von der ich drei Jahre lang geträumt hatte, tausend sibirische Nächte! Zu Hause war ein Mann, der hatte mein Zeug an, Beckmann, das war ihm viel zu groß, aber er hatte es an, und ihm war wohl und warm in dem Zeug und bei meiner Frau. Und du, du warst der Mann, Beckmann. Na, ich habe mich dann verzogen. In die Elbe. War ziemlich kalt, Beckmann, aber man gewöhnt sich bald. Jetzt bin ich erst einen ganzen Tag tot – und du hast mich ermordet und hast den Mord schon vergessen. Das mußt du nicht, Beckmann, Morde darf man nicht vergessen, das tun die Schlechten. Du vergißt mich doch nicht, Beckmann, nicht wahr? Das mußt du mir versprechen, daß du deinen Mord nicht vergißt!

Beckmann: Ich vergesse dich nicht.

Der Einbeinige: Das ist schön von dir, Beckmann. Dann kann man doch in Ruhe tot sein, wenn wenigstens einer an mich denkt, wenigstens mein Mörder – hin und wieder nur – nachts manchmal, Beckmann, wenn du nicht schlafen kannst! Dann kann ich wenigstens in aller Ruhe tot sein – – – *(geht ab.)*

Beckmann *(wacht auf)*: Teck – tock – teck – tock!!! Wo bin ich? Hab ich geträumt? Bin ich denn nicht tot? Bin ich denn immer noch nicht tot? Teck – tock – teck – tock durch das ganze Leben! Teck – tock – durch den ganzen Tod hindurch! Teck – tock – teck – tock! Hörst du den Totenwurm? Und ich, ich soll leben! Und jede Nacht wird einer Wache stehen an meinem Bett, und ich werde seinen Schritt nicht los: Teck – tock – teck – tock! Nein!

Das ist das Leben! Ein Mensch ist da, und der Mensch kommt nach Deutschland, und der Mensch friert. Der hungert und der humpelt! Ein Mann kommt nach Deutschland! Er kommt nach Hause, und da ist sein Bett besetzt. Eine Tür schlägt zu, und er steht draußen.

Ein Mann kommt nach Deutschland! Er findet ein Mädchen, aber das Mädchen hat einen Mann, der hat nur ein Bein und der stöhnt andauernd einen Namen. Und der Name heißt Beckmann. Eine Tür schlägt zu, und er steht draußen.

Ein Mann kommt nach Deutschland! Er sucht Menschen, aber ein Oberst lacht sich halbtot. Eine Tür schlägt zu und er steht wieder draußen.

Ein Mann kommt nach Deutschland! Er sucht Arbeit, aber ein Direktor ist feige, und die Tür schlägt zu, und wieder steht er draußen.

Ein Mann kommt nach Deutschland! Er sucht seine Eltern, aber eine alte Frau trauert um das Gas, und die Tür schlägt zu, und er steht draußen.

Ein Mann kommt nach Deutschland! Und dann kommt der Einbeinige – teck – tock – teck – kommt er, teck – tock, und der Einbeinige sagt: Beckmann. Sagt immerzu: Beckmann. Er atmet Beckmann, er schnarcht Beckmann, er stöhnt Beckmann, er schreit, er flucht, er betet Beckmann. Und er geht durch das Leben seines Mörders teck – tock – teck – tock! Und der Mörder bin ich. Ich? der Gemordete, ich, den sie gemordet haben, ich bin der Mörder? Wer schützt uns davor, daß wir nicht Mörder werden? Wir werden jeden Tag ermordet, und jeden Tag begehn wir einen Mord! Wir gehen jeden Tag an einem Mord vorbei! Und der Mörder Beckmann hält das nicht mehr aus, gemordet zu werden und Mörder zu sein. Und er schreit der Welt ins Gesicht: Ich sterbe! Und dann liegt er irgendwo auf der Straße, der Mann, der nach Deutschland kam, und stirbt. Früher lagen Zigarettenstummel, Apfelsinenschalen und Papier auf der Straße, heute sind es Menschen, das sagt weiter nichts. Und dann kommt ein Straßenfeger, ein deutscher Straßenfeger, in Uniform und mit roten Streifen, von der Firma Abfall und Verwesung, und findet den gemordeten Mörder Beckmann. Verhungert, erfroren, liegengeblieben. Im zwanzigsten Jahrhundert. Im fünften Jahrzehnt. Auf der Straße. In Deutschland. Und die Menschen gehen an dem Tod vorbei, achtlos, resigniert, blasiert, angeekelt, und gleichgültig, gleichgültig, so gleichgültig! Und der Tote fühlt tief in seinen Traum hinein, daß sein Tod gleich war wie sein Leben: sinnlos, unbedeutend, grau. Und du – du sagst, ich soll leben! Wozu? Für wen? Für was? Hab ich kein Recht auf meinen Tod? Hab ich kein Recht auf meinen Selbstmord? Soll ich mich weiter morden lassen und weiter morden? Wohin soll ich denn? Wovon soll ich leben? Mit wem? Für was? Wohin sollen wir denn auf dieser Welt! Verraten sind wir. Furchtbar verraten. Wo bist du, Anderer? Du bist doch sonst immer da!

Wo bist du jetzt, Jasager? Jetzt antworte mir! Jetzt brauche ich dich, Antworter! Wo bist du denn? Du bist ja plötzlich nicht mehr da! Wo bist du, Antworter, wo bist du, der mir den Tod nicht gönnte! Wo ist denn der alte Mann, der sich Gott nennt? Warum redet er denn nicht!!

Gebt doch Antwort!

Warum schweigt ihr denn? Warum?

Gibt denn keiner Antwort?

Gibt keiner Antwort???

Gibt denn keiner, keiner Antwort???